50,000 GRADOS Y NUBLADO: UNA MEJOR RESURRECCIÓN

Por la Doctora Hollisa Alewine

Derechos de autor ©Hollisa Alewine, 2019

Impreso en los Estados Unidos de América

Este folleto es una publicación de BEKY Book: Libros que fomentan el Reino de Yeshua. www.bekybooks.com

Sin limitar los derechos de autor reservados anteriormente, ninguna parte de esta publicación puede ser reproducida, almacenada o introducida en un sistema de recuperación, o transmitida, en ninguna forma o por ningún medio (electrónico, mecánico, fotocopia, grabación u otro), sin el permiso previo por escrito del propietario de los derechos de autor.

Las referencias de las Escrituras son de la Reina Valera 1960 a menos que se indique lo contrario.

Diseño de portada por Rubel Photography, Mt. Juliet, TN

Diseño de portada por Staci Bishop, Mt. Juliet, TN

DEDICACIÓN

A la tía Dean, Pete y Danny. Lo que soñamos, lo saben

RECONOCIMIENTOS

Gracias a mis correctores y editores, Carol Walker, Timothy Herron y Lisa Runyon. Ellos revisan los textos con un plazo corto, y por eso merecen mucho más que una o dos líneas de reconocimiento. Si he permitido que se me escape algún error, el descuido es mío, no de ellos. Estoy agradecida por todo el arduo trabajo que los autores de BEKY Book han puesto en escribir y enseñar libros que construyen en lugar de destruir. Que se nos conceda el tiempo y la audiencia para escribir muchos más. A Staci, gracias por tu tierno y amoroso cuidado con estos libros de BEKY. Sé que tienes un corazón para servir al Padre, y mi oración es que llevemos consuelo y esperanza a muchos con este libro. A Lisa Rubel, siempre eres fiel para ayudarnos a elegir las portadas correctas con tu ojo de fotógrafa. Guárdame un pedazo de chocolate para nuestra próxima gran decisión.

Mi esposo Alan siempre ha sido extremadamente paciente cuando estoy en la fase más activa de la escritura, y perdona mis distracciones y respuestas monosilábicas. Múltiples gracias a ti por animarme y darme espacio para trabajar y crecer en diferentes direcciones como escritora. Fuiste especialmente una roca en la muerte de mi padre, mi madre y mi tía Dean, que era como una segunda madre. A nuestra edad, nos damos cuenta de que la vida es como estar en la cocina de una casa con todos los que conocemos cuando nacemos. Somos como todo tipo de Legos. Poco a poco, nuestra familia y amigos cruzan a la "sala de estar" y, finalmente, nos damos cuenta de que los Legos se han vuelto a ensamblar allí. Todavía estamos en la sala de preparación, y ahora nos hemos convertido en las piezas faltantes de la sala de estar real. Nos están esperando, las piezas finales; Sin embargo, es difícil dejar que esas piezas vayan primero cuando han encajado tan bien y de manera tan brillante en nuestras vidas y en lo que somos.

Hay mucho que apreciar al poder visitar Hebrón, desde el rabino Eitan hasta aquellos que ofrecen la hospitalidad de un refrigerio para los viajeros cansados. El lugar tuvo un profundo impacto en mí, y todavía me remito a las fotografías para tratar de entender exactamente lo que sucedió allí. Si nos encontramos en persona, pregúntame, pero prepárate para una historia bastante difícil de creer.

Sobre todo, gracias a Adonai por el gran regalo de Su antigua e inamovible Palabra. Escondió tantos tesoros de sabiduría y entendimiento a plena vista, y tiene que reírse cuando sus hijos los descubren como si fueran nuevos. En ese sentido, Sus misericordias son nuevas cada mañana, y con la ayuda del Padre, mereceremos descubrir más de lo que solo requiere una búsqueda sincera de las Escrituras.

CONTENIDO

Glosario — 9

Sección I: Nubes de gloria — 15

1. Palabras en el barrio — 17
2. ¿Los fariseos? ¿Estás bromeando? — 27
3. "Rapto" Textos en la Tradición Judía — 45
4. ¿Subir o asentarse? — 51
5. El jardín, la nube y los muertos — 69
6. Bomberos y vestiduras de justicia — 83
7. Yeshúa en la Nube del Éxodo — 89
8. Porciones en la nube — 101
9. 50,000 grados — 115
10. La Sombra Roja — 125

Sección II: ¿Qué sucede? — 151

11. Cuidado con el mago — 153
12. Como ángeles — 155
13. Puerta de entrada al jardín — 163
14. En el jardín — 171
15. Respeto a los muertos — 177
16. Enoc y Elías — 189
17. ¿A qué altura volaremos? — 195
18. Los justos y los intermedios — 213
19. El túnel, la luz y más allá — 219
20. La Ofrenda de Resurrección — 231
21. Ríos de Agua Viva — 243
22. Cantar de los Cantares para la Pascua — 251
23. Conclusión — 255

Referencias — 259
Apéndice A — 263
Apéndice B — 265
Sobre la Autora — 267

GLOSARIO

Adonai – mi Señor.

Brit Hadashá – Nuevo Testamento. En hebreo, literalmente, "Pacto Renovado." La palabra hebrea para nuevo, jadash, también significa renovado, ya que aplicamos el adjetivo a la Luna Nueva. La luna no es nueva; Es la misma luna. Su aparición se renueva simplemente cada mes. De la misma manera, Jeremías 31:31 define los términos del Nuevo Pacto: la Torá será escrita en los corazones del pueblo de Dios. No es una nueva Torá, sino la antigua Torá renovada de una manera dinámica debido a la obra de Yeshúa, un mejor mediador que Moisés.

Chag – Por lo general, una fiesta bíblica como Pésaj, Shavuot o Sucot.

Una estructura quiástica es una técnica literaria en la que una historia se divide en dos mitades y los temas de la primera mitad de la historia se repiten en la segunda mitad de la historia en orden inverso. Además, las dos mitades de la estructura quiástica "apuntan" al elemento más importante de la estructura, el eje central. Esto se ilustra a continuación, donde "C" es el eje:

A. Daniel 2: Cuatro imperios gentiles del mundo
   B. Daniel 3: La persecución de Israel por parte de los gentiles
      C. Daniel 4: La divina providencia sobre los gentiles
      C'. Daniel 5: La divina providencia sobre los gentiles
   B'. Daniel 6: La persecución de Israel por parte de los gentiles
A'. Daniel 7: Cuatro imperios gentiles del mundo

He aquí un ejemplo del libro del Apocalipsis por capítulos, aportado por Mariela Pérez-Rosas, con "G" como eje:

A 1 Prólogo y saludo: Alef-Tav;[1] El que viene
  B 2-3 Siete Iglesias
    C 4-5 Visión Celestial
      D 6-8 Siete Sellos, Siete Trompetas
        E 7 los Sellados
          F 10-11 Ángel, 2 Testigos
            G 12 La Mujer - Hijo Varón - Dragón
          F 13 Dragón, 2 Bestias
        E 14 La Nueva Canción
      D 15-18 Siete plagas, siete copas
    C 19-20 Visión Celestial
  B 21 Nueva Jerusalén
A 22 Epílogo y despedida: Alef-Tav; El que viene

Para un ejercicio fácil de comprensión de la estructura quiástica, recorta el gráfico del Apéndice B de la menorá. Dobla la menorá a lo largo de su eje, la rama central de las Semanas. La primera y la última rama se convertirán en "espejos" la una de la otra, al igual que la segunda y sexta ramas y la tercera y quinta ramas.

Elohim – Dios el Creador nombrado en Génesis Uno

Erev Shabat – la víspera de Shabbat que comienza al atardecer los viernes por la noche.

Gan Edén – El Jardín del Edén, el Paraíso o el Tercer Cielo

Hermenéutica – Métodos de interpretación bíblica aplicando reglas aceptadas de interpretación.

Ishim – una clase de ángeles semejantes a un hombre que ministran a los seres humanos.

1. Alfa y Omega en griego

Jubileo – El 50° año del ciclo agrícola en Israel marcado por la libertad de los sirvientes contratados y la devolución de todas las propiedades ancestrales.

Menorá – un candelabro, específicamente, el candelabro dorado de siete brazos que se encontraba en el Lugar Santo del Tabernáculo y el Templo.

Mishná – la ley oral judía que tradicionalmente se cree que fue transmitida por Moisés. Yeshúa usualmente sostenía la ley oral de la Casa de Hillel, pero anuló la mayoría de las leyes orales de la Casa de Shammai. Eran las dos escuelas predominantes de los fariseos en el siglo I.

Metáfora – una cosa considerada como representativa o simbólica de otra cosa, especialmente algo abstracto.

Mitzvá – mandamiento

Moed(im) – alude a las estaciones y a las fiestas señaladas de Israel: Pascua, Panes sin levadura, Primicias de la cebada, Primicias del trigo (Pentecostés), Trompetas, Día de la Expiación y Tabernáculos

Nefesh – el manojo de apetitos, deseos, emociones e intelecto. Es la energía vital que se adhiere al cuerpo para preservarlo.

Neshamá – el poder más alto del ruaj (espíritu) de un hombre que une los reinos humano y divino. Se considera la parte más sagrada y exaltada de una persona.

Ruaj HaKodesh – Espíritu Santo, un nivel que une la neshamá superior y el nefesh, o alma animal.

Sucá/Sucot – una cabaña cubierta o tabernáculo

Talmud – el cuerpo más grande de la ley judía y comentarios que contiene la Mishná, la Guemará y la Tosefta.

TANAKH – Antiguo Testamento. Tanaj es un acrónimo de Torá, Neviim, Ketuvim o Ley, Profetas y Escritos, las antiguas divisiones de la Biblia hebrea. Los libros del Tanaj son los mismos, pero no están dispuestos en el mismo orden que las Biblias cristianas.

Waqf – entidad religiosa musulmana, financiada por el rey de Jordania, que controla el Monte del Templo y otros lugares sagrados como Hebrón.

El Mundo Venidero/Olam Haba – un mundo perdurable después del reinado mesiánico creado para las personas que son resucitadas

Yeshua – el nombre hebreo de Jesús; salvación.

Yaval – una trompeta hecha de un cuerno de carnero o, a veces, el cuerno de cabra montés.

Yovel – Jubileo

"Parece ridículo suponer que los muertos extrañan algo. Si eres un hombre adulto cuando leas esto -es mi intención para esta carta que la leas entonces- me habré ido mucho tiempo. Sabré la mayor parte de lo que hay que saber sobre estar muerto, pero probablemente me lo guardaré para mí. Esa parece ser la forma de las cosas."

– Marilynne Robinson en Gilead

SECCIÓN I

NUBES DE GLORIA

1
PALABRAS EN EL BARRIO

Muchos cristianos creen en un evento del fin de los tiempos llamado El Rapto. Dado que la mayoría de los creyentes también esperan un tiempo de catástrofe mundial llamado La Tribulación, el momento del Rapto a menudo se entrelaza con ese evento tanto en los libros teológicos como en la ficción cristiana. Por esta razón, aquellos que no conocen la terminología cristiana evangélica se encuentran confundidos cuando escuchan la pregunta: "¿Eres post tribulación, a mitad de la tribulación o pre-tribulación?" Un predicador comentó con humor: "Soy pan-tribulación ¡Todo saldrá pan dulce al final!"

Dado que el rapto puede ser controversial, este libro ofrece un método alternativo de ver el evento llamado El Rapto. Una búsqueda de "el rapto" en una base de datos de libros populares arrojó más de 6,000 artículos. Con una competencia como esa, un nuevo libro sobre El Rapto no tiene muchas posibilidades de superar a la competencia. Por esa razón, 50,000 grados y nublado intenta algo diferente. Comienza al principio de la Biblia. Consulta al grupo de personas que ha estado estudiando las Escrituras Hebreas durante miles de años.

El Rapto se basa en algunos textos de prueba del Nuevo Testamento, sin embargo, hay una base bíblica más antigua para la expectativa de un evento similar, la resurrección de los muertos. La comprensión de la resurrección se basa en el TANAJ, o el Antiguo Testamento. Este punto de vista ha sido transmitido fielmente a cientos de generaciones de judíos, tanto a aquellos que creen en el Mesías de Yeshua (Jesús), como a aquellos que no lo hacen. Este habría sido el lenguaje común de "recolección" y las expectativas de la población judía en el primer siglo, incluidos los apóstoles que escribieron los textos de prueba cristianos.

Yeshúa (Jesús) y los primeros apóstoles eran judíos, por lo que es lógico examinar sus expectativas del fin de los tiempos. Esta es la diligencia debida de cualquier estudio bíblico, y es una de las reglas fundamentales de la hermenéutica que se enseña tanto en los seminarios cristianos como en las yeshivot[2] judías.

Algunos de los fundamentos de la hermenéutica bíblica son:

- Primera Mención. La primera aparición del uso de la palabra o frase puede tener una clave para definir la palabra que se mantendrá verdadera a través de la Biblia. La Torá, los primeros cinco libros de la Biblia, generalmente contiene la Primera Mención de una palabra, frase o tema, por lo que se convierte en un concepto de Semilla que conduce a
- Mención Progresiva. La Mención Progresiva es un proceso de crónica de cada uso adicional de la palabra o frase, estudiándolo en sus diversos contextos. A la larga, esto conduce a
- Mención Completa. Cuando un estudio completo del contexto de la palabra o frase está completo hasta el final de la

2. Similar a un seminario cristiano; escuelas para el aprendizaje de las Escrituras y la ley judía basada en las Escrituras

Escritura, forma una imagen completa llamada Mención Completa. Además, los eruditos están de acuerdo en que ningún versículo de las Escrituras puede dar una imagen completa sin tener en cuenta su
* Contexto histórico (historia, geografía, cultura, religión, política, etc.) Los eruditos están de acuerdo en que la regla que los resume a todos es:

El CONTEXTO lo es todo

Hay otras formas de describir lo importante que es el contexto, como la idea judía de smikhut (colocación). El espacio del pergamino bíblico es significativo, por lo que derivar el significado y la importancia depende de la ubicación, ubicación, ubicación. La repetición de palabras, frases o conceptos entra en la categoría de smikhut. En un libro donde solo hay un espacio limitado para registrar las Palabras Divinas, la repetición de una palabra o frase requiere que el lector se concentre en la valiosa ubicación en este "terreno" principal de la Biblia. También ayuda a revisar los otros "vecinos" en el vecindario, que son otras palabras clave colocadas de cerca o repetidamente en el contexto.

Un ejemplo se encuentra en sobreponer los temas de los números en las Escrituras. Por ejemplo, el número tres es generalmente aceptado como representante de la resurrección. Si el número tres se rastrea hasta su Primera Mención en la semana de la Creación, entonces el patrón está establecido. La creación del tercer día fue de árboles y sus "primeros frutos" para aparecer en la tierra, tal como Yeshúa es llamado el "Primer Fruto de los Muertos."[3] La palabra hebrea para árbol es etz. El Espíritu de

3. 1 Corintios 15:20

Consejo[4] es etzah, y es el tercer Espíritu (específico) de Adonai mencionado en Isaías. ¿Qué hace un buen consejo? ¡Resucita la esperanza! Las capas de 3 tienen un tema consistente.

Un breve ejemplo del concepto de la simiente de la resurrección que se menciona en la Primera Mención se encuentra en el Tercer y Quinto Día de la Creación. Cuenta hacia adelante hasta la tercera luz en la menorá de arriba. La tierra produce plantas vivas por primera vez en el tercer día, que se convierte en un símbolo de resurrección, o vida que brota de la tierra. Es un día en el que se recogen las aguas caóticas para que pueda emerger la tierra seca.

Ahora cuenta tres luces hacia atrás desde el final de la menorá. En el Quinto Día, los pájaros y los peces son creados, los primeros animales vivos. Cientos de años después, una paloma sale del arca después del diluvio, y regresa a Noé con un símbolo de nueva vida en el Tercer Día, una rama de olivo. Juntos, las plantas, los pájaros y los peces representan muchos ejemplos de resurrección en las Escrituras. Yeshúa primero llama a los discípulos[5] que serán "pescadores de hombres" después de su resurrección en el Tercer Día. Los árboles del Tercer Día y los pájaros del Quinto Día a veces se emparejan como símbolo de resurrección:

> Lo plantaré en la altura del monte de Israel, para que dé ramas, dé fruto y se convierta en un cedro noble. Y debajo de ella habitará toda clase de aves; A la sombra de sus ramas anidarán[6] aves de todo tipo. Y todos los árboles del campo sabrán que yo soy el Señor; Derribo el árbol alto, y engrandezco el árbol bajo, seco el árbol verde, y hago florecer el árbol seco. Yo soy el Señor. He hablado y lo haré.[7]

4. Isaías 11:2

5. Y les dijo Jesús: Venid en pos de mí, y haré que seáis pescadores de hombres. Marcos 1:17

6. La tradición judía sitúa el Palacio del Mesías en el Jardín Inferior del Edén, y el palacio se llama kan ha-tzippor, o "el nido del pájaro".

7. Ezequiel 17:23-24

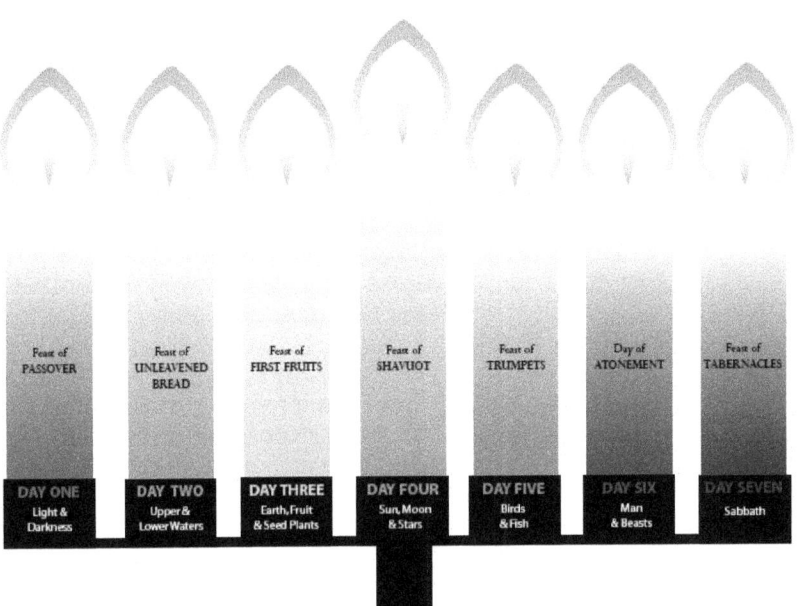

Fiesta de pascua	Fiesta de Panes sin levadura	Fiesta de Primeros frutos	Fiesta de Shavuot	Fiesta de trompetas	Fiesta de expiación	Fiesta de Tabernáculos
Día 1	Día 2	Día 3	Día 4	Día 5	Día 6	Día 7
Luz y tinieblas	Aguas superiores e inferiores	Tierra, Frito y planta que da semilla	Sol, luna y estrellas	Aves y peces	Hombre y bestias	Shabbat

En Apocalipsis, Juan profetiza que el mar entregará a sus muertos y la tierra entregará a sus muertos para la resurrección y el juicio, simbolizando la resurrección de los "árboles" del Tercer Día y los "peces" del Quinto Día.

> Y el mar entregó los muertos que había en él; y la muerte y el Hades entregaron los muertos que había en ellos; y fueron juzgados cada uno según sus obras.[8]

8. Apocalipsis 20:13

El emparejamiento de aves y peces (Quinto Día de la Creación) con temas marinos o de árboles/plantas (Tercer Día de la Creación) en el mismo vecindario los vincula textual y quiásticamente. Un quiasmo es una estructura similar a un espejo con un texto o símbolo escrito. La letra griega chi se parece a la letra inglesa X, que si se pliega sobre su eje en cualquier dirección, se pliega perfectamente sobre sí misma como una imagen espejo. El quiasmo se usa con frecuencia en las Escrituras, ayudando al lector a encontrar el centro, esencia o el tema que explica el pasaje.

Examina el dibujo de la menorá[9] etiquetado con las Fiestas de Israel en los párrafos anteriores. Si la menorá está plegada sobre su eje (cuarta rama), entonces el Tercer y Quinto Día de la Creación se tocan, porque la tercera y quinta rama se originan en el mismo lugar en la rama central. También se puede escribir un quiasmo para demostrar cómo se refleja cada elemento en el otro lado. He aquí un ejemplo del Libro de Daniel:

A. Daniel 2: Cuatro imperios gentiles del mundo
   B. Daniel 3: La persecución de los gentiles a Israel
      C. Daniel 4: La divina providencia sobre los gentiles
      C'. Daniel 5: La divina providencia sobre los gentiles
   B'. Daniel 6: La persecución de los gentiles a Israel
A'. Daniel 7: Cuatro imperios gentiles del mundo

La palabra quiasmo se basa en la letra X, por lo que el pliegue de la menorá se puede hacer en ambas direcciones. La menorá representa a los Siete Espíritus de Dios en las Escrituras, y un arcoíris tiene siete colores de pacto, que también representan la Luz Espiritual de la Palabra refractada en colores visibles. Coloca el arcoíris en la parte superior de la menorá, y los círculos concéntricos formarán una

9. Candelabro

vista completa del Espíritu tal como se puede ver desde la tierra o desde el Cielo.

> Como parece el arco iris que está
> en las nubes el día que llueve,
> así era el parecer del resplandor
> alrededor. Esta fue la visión de la
> semejanza de la gloria de Jehová.[10]
>
> Y el aspecto del que estaba sentado
> era semejante a piedra de jaspe
> y de cornalina; y había alrededor
> del trono un arco iris, semejante en
> aspecto a la esmeralda.[11]

Esta representación del Cielo y la Tierra en forma de espejo refleja la descripción del Jardín del Edén en el Génesis. Un río fluía del Edén y regaba todo el jardín. Esto no tiene sentido, porque si el río fluía, ¿cómo podría regar todo el Jardín? Sólo si es el río que fluye desde el Edén Celestial y riega el Jardín Inferior del Génesis.

> Y Jehová Dios plantó un huerto
> en Edén, al oriente; y puso allí al
> hombre que había formado. Y
> Jehová Dios hizo nacer de la tierra
> todo árbol delicioso a la vista, y
> bueno para comer; también el
> árbol de vida en medio del huerto,
> y el árbol de la ciencia del bien y
> del mal. Y salía de Edén un río para
> regar el huerto, y de allí se repartía
> en cuatro brazos. El nombre del uno
> era Pisón; este es el que rodea…
> (Sovev)[12]
>
> Después me mostró un río limpio
> de agua de vida, resplandeciente
> como cristal, que salía del trono
> de Dios y del Cordero. En medio
> de la calle de la ciudad, y a uno y

10. Ezequiel 1:28-29

11. Apocalipsis 4:3

12. Genesis 2:8-11

otro lado del río, estaba el árbol de la vida, que produce doce frutos, dando cada mes su fruto; y las hojas del árbol eran para la sanidad de las naciones.[13]

De hecho, la descripción de los ríos alrededor del Edén y el Árbol de la Vida se entiende mejor en el texto hebreo, ya que describe su movimiento como dando vueltas, sovev, al Jardín en tiempo presente. ¡Todavía está dando vueltas! Como se describe en la Escritura anterior, la aparición del Espíritu en el Cielo está rodeando el trono como un arcoíris. Un río fluye desde debajo del Trono. Ahora el quiasmo del Jardín Inferior y el Jardín Superior tiene sentido. Esto es importante, porque los lugares de descanso del Jardín Superior e Inferior constituyen gran parte de la comprensión de lo que le sucede al creyente justo post muerte. Yeshúa enseñó estas cosas tanto en parábolas como en un lenguaje muy directo, como "hoy estarás conmigo en el Paraíso."[14] Juan también lo ve en su visión:

> El que tiene oído, oiga lo que el Espíritu dice a las iglesias. Al que venciere, le daré a comer del *árbol de la vida, el cual está en medio del paraíso de Dios.*[15]

Si bien el cristiano curioso está más interesado en "el rapto", la visión es mucho más extensa, más amplia y profunda de lo que la mayoría explora. Esta investigación cubrirá una amplia gama de temas relacionados con la muerte, el entierro y la resurrección, tal vez dando un mejor contexto visual.

13. Apocalipsis 22:1-2
14. Lucas 22:43
15. Apocalipsis 2:7

Aquí está uno de los textos de prueba más comunes para el rapto:

> Porque el Señor mismo con voz de mando, con voz de arcángel, y con trompeta de Dios, descenderá

del cielo; y los muertos en Cristo resucitarán primero.

Luego nosotros los que vivimos, los que hayamos quedado, seremos arrebatados juntamente con ellos en las nubes para recibir al Señor en el aire, y así estaremos siempre con el Señor.

Por tanto, alentaos los unos a los otros con estas palabras.[16]

Yeshúa explicó su resurrección a sus discípulos "comenzando con Moisés,"[17] la Torá,[18] por lo que el texto principal de Yeshúa es nuestro texto principal. Estas son las palabras y conceptos clave de la semilla del Nuevo Pacto que se encuentran por primera vez en la Torá:

- El Señor mismo **desciende**.
- Los muertos **ascienden**.
- Los santos **subirán** con ellos.
- Se encuentran **juntos** con el Señor **en la nube**.
- **Habitan** con el Señor para siempre.
- Estas palabras son **reconfortantes**.

Dado que las palabras clave para los textos de prueba del rapto son "nubes" y "subiendo," entonces un buen estudio analiza los textos de la semilla de la Torá, textos adicionales del resto del TANAJ (Antiguo Testamento), así como el Nuevo Testamento (Brit Hadashá). Además, incluso un breve estudio puede aplicar el principio del contexto histórico, que es la construcción de la expectativa judía a partir de estas Escrituras vitales. Las semillas de la Palabra de la Torá desarrollarán una imagen completa al final de Apocalipsis, una revelación de nueva vida conocida como Nubes de Gloria.

16. 1 Tesalonicenses 4:16-18

17. Lucas 24:27

18. Primeros cinco libros de la Biblia: Génesis, Éxodo, Levítico, Números y Deuteronomio

2

¿LOS FARISEOS? ¿ESTÁS BROMEANDO?

La mayoría de los lectores piensan "hipócrita" cuando escuchan la palabra fariseo o la usan. ¡Gran error! La mayoría de los judíos laicos que vivieron en el primer siglo tenían afecto por los fariseos, y los lectores de la Biblia pasan por alto hechos sobre los fariseos que son necesarios para comprender las interacciones de Yeshúa con ellos. Los fariseos prepararon a los judíos para un Mesías con su doctrina vital de la resurrección de los muertos, lo que puso a los fariseos en desacuerdo con los saduceos y los cultos gnósticos.

No todos los fariseos eran hipócritas, y de acuerdo con la definición histórica más verdadera de un fariseo, la mayoría de los cristianos caerían en esa definición. La hipocresía se añadió a la definición en siglos posteriores. Una cita histórica muy precisa resume el punto de vista de los fariseos en el primer siglo:

> El rey Yannai dijo a su esposa: "No temas a los fariseos ni a los no fariseos, sino a los hipócritas que imitan a los fariseos, porque sus obras son las obras de Zimri, pero esperan la recompensa de Pinjás.[19]

19, Talmud Bavli Sotá 22b. Para una referencia fácil a las fuentes judías como el Talmud, véase la Introducción a las Fuentes Judías de S. Creeger, un libro de BEKY

Zimri fornicó a la vista del Tabernáculo, pero Pinjas tomó una lanza y lo mató y a su amante porque tenía celo por la Casa de Dios.[20] Los fariseos eran celosos de la Palabra de Dios. Los cristianos se sorprenderían al descubrir cuánto tienen en común con los justos fariseos, no con los hipócritas a quienes Yeshúa estaba obligado a corregir y reprender, sino a aquellos que imitaban el celo de un fariseo que amaba la Palabra. Para una explicación simple, pero reveladora, de los fariseos del primer siglo y cómo fueron vitales para el ministerio de Yeshúa, vea el libro de BEKY, ¿Fariseo: amigo o enemigo? Unos pocos puntos importantes del libro se ofrecen de nuevo aquí para establecer el trasfondo de las epístolas del primer siglo que mencionan la resurrección.

El período de la ascensión griega al poder mundial probablemente dio origen a las sectas más primitivas que surgieron en un grupo conocido como los fariseos. Dado que a los fariseos se les asigna con frecuencia el papel de parias en los Evangelios, es útil definir el grupo y su origen histórico. Había dos grupos principales que comprendían el grupo más grande llamado fariseo. Brevemente, esto define el carácter de los grupos farisaicos:

Desarrollado durante el Período Macabeo a partir de los "Hasidim" (piadosos). Varios grupos diferentes, como los esenios, surgieron de la reacción antihelenística a Antíoco IV, Epífanes, y su reinado cruel e inmoral. Sus principales doctrinas:

    a. Creencia en la venida del Mesías.
    b. Dios está activo en la vida diaria. Esto era directamente opuesto a los saduceos. Gran parte de la doctrina farisaica es un contrapunto teológico a las doctrinas de los saduceos.
    c. Una vida física orientada después de la muerte basada en la vida terrenal,

que involucraba recompensa y castigo.
d. La Autoridad del Antiguo Testamento y las Tradiciones Orales (Talmud).
e. Angelología muy desarrollada. Esto involucraba tanto a seres espirituales buenos como malos.[21]

Aunque la descripción anterior de Utley es una referencia bíblica académica, hay un error anacrónico en "D". Los fariseos no podían haber creído en el Talmud, porque sus primeras páginas no fueron escritas hasta dos siglos después de la muerte y resurrección del Mesías, ¡y no se finalizó hasta el período medieval! Tales errores, aunque parezcan pequeños, son comunes en las fuentes de referencia bíblicas. Estas imprecisiones tienen un impacto significativo. El Talmud representa una gran cantidad de comentarios y desarrollos adicionales de las Tradiciones Orales que existían durante el tiempo en que se escribieron los Evangelios.[22]

La palabra hebrea para fariseo es Prushim o Prushin. Aquí está el contexto bíblico para la palabra raíz, parash.

> Y leían en el libro de la ley de Dios claramente(parash), y ponían el sentido, de modo que entendiesen la lectura.[23]

> Y lo pusieron en la cárcel, hasta que les fuese declarado[24] por palabra de Jehová.

Un parush (fariseo) era aquel que deseaba dar un sentido distinto al texto bíblico hebreo y dispersar el conocimiento para que la persona promedio pudiera entenderlo y, por lo tanto, obedecerlo. Por esta razón, los fariseos tenían los corazones de las multitudes de la gente común.

21. Utley, 2003, pg. 86-87

22. Para ver ejemplos adicionales, consulte el libro BEKY del Dr. Robin Gould Controversias colosales

23. Nehemías 8:8

24. Levítico 24:12

La mayoría de los estudiantes de la Biblia tienen una comprensión básica de las fuentes de referencia bíblicas, cómo se decidió el canon bíblico y quién escribió o registró sus libros y cartas. Sin embargo, si la fuente de referencia está sesgada, puede afectar la definición o la percepción de un grupo de personas desde el principio. Es difícil corregir una primera percepción distorsionada. Por ejemplo, aquí hay una definición de diccionario bíblico de un fariseo que está disponible en una popular aplicación de software bíblico:[25]

> Fariseo: miembro de una antigua secta judía, distinguido por la estricta observancia de la ley tradicional y escrita, y **comúnmente considerado como una persona santurrona** que tiene **pretensiones de santidad superior; un hipócrita**.
> Inglés antiguo fariseus, a través del latín eclesiástico del griego Pharisaios, del arameo prīšayyā 'los separados' (relacionado con el hebreo pārūsh 'separados')

Muy bien incrustado dentro de la descripción erudita hay un alejamiento hacia los estereotipos de cómo los fariseos llegaron a ser percibidos en sucesivas generaciones de polémicas antisemitas cristianas. La mayoría de las personas que usan un diccionario bíblico ya saben lo que significa un fariseo hoy en día. Sin embargo, los estudiantes de la Biblia usan una fuente de referencia para averiguar lo que significaba la palabra en su uso y contexto originales. Si soy un nuevo estudiante de la Biblia, entonces siempre mi primera impresión es que un fariseo es y siempre se ha "sostenido comúnmente que tiene pretensiones de santidad superior, una persona justa; un hipócrita".

25. LOGOS   La conclusión lógica para un estudiante que usa el libro de referencia es que "los fariseos son hipócritas".

Aunque los diccionarios suelen ser fuentes creíbles, al estudiante de la Biblia no le sirve bien esta entrada. Tal vez otra fuente confiable, como la de Strong, lo haga mejor. La definición de Strong[26] de un fariseo es aún más condenatoria:

Una secta que comenzó después del exilio judío. Además de los libros del Antiguo Testamento, los fariseos reconocieron en la tradición oral un estándar de creencia y vida. Buscaban la distinción y la alabanza mediante la **observancia externa de ritos externos y mediante formas externas de piedad, y tales como lavados ceremoniales, ayunos, oraciones y limosnas; y, comparativamente negligentes de la piedad genuina, se enorgullecían de sus buenas obras imaginadas**. Se aferraban enérgicamente a la creencia en la existencia de ángeles buenos y malos, y a la expectativa de un Mesías; y abrigaban la esperanza de que los muertos, después de una experiencia preliminar de recompensa o de castigo en el Hades, serían devueltos a la vida por él, y serían recompensados cada uno según sus obras individuales. En oposición al dominio usurpado de los Herodes y al gobierno de los romanos, defendieron firmemente la teocracia y la causa de su país, y poseyeron una gran influencia entre la gente común. **Eran enemigos acérrimos de Jesús y de su causa; y a su vez fueron severamente reprendidos por él por su avaricia, ambición, confianza hueca en las obras externas y afecto a la piedad**

26. Recuperado el 9/3/18 de https:// www.blueletterbible.org/lang/lexicon/lexicon.cfm?Strongs=G5330&t=NKJV

para ganar popularidad.

Este diccionario dice que los fariseos eran archienemigos de Jesús, llenos de orgullo, codiciosos, que priorizaban los rituales sobre el cambio espiritual, ¡y buscadores de popularidad! No se ve bien para los fariseos, pero tampoco se ve bien para el nuevo estudiante de la Biblia que se perderá lecciones vitales que los Evangelios, Hechos e incluso Apocalipsis enseñan sobre los fariseos y su doctrina de resurrección. De hecho, casi oscurecida por las características estereotipadas está la información precisa que el estudiante realmente necesita:

> Se aferraban enérgicamente a la creencia en la existencia de ángeles buenos y malos, y a la expectativa de un Mesías; y abrigaban la esperanza de que los muertos, después de una experiencia preliminar de recompensa o de castigo en el Hades, serían devueltos a la vida por él [resurrección], y serían recompensados cada uno según sus obras individuales.

Cuando se les presentan dos tipos de información sobre los fariseos, la que es analítica y la que se filtra a través del estereotipo, muchos lectores desprevenidos adoptarán el estereotipo; Después de todo, ¡hace una lectura jugosa! El problema con ambos diccionarios, sin embargo, es que se omiten los textos definitorios sobre los fariseos de todos los contextos, tanto escritos como históricos. La Biblia registra algunas cosas maravillosas acerca de los fariseos individuales, y la venida misma del Mesías fue a una etapa preparada por las doctrinas fundamentales de los fariseos.

Las definiciones de estos diccionarios encierran la verdadera carne de la fe farisaica entre dos grandes pedazos de pan estereotipado, lo que obliga al lector ingenuo a un dilema. O debe imaginar a los fariseos como codiciosos, ritualistas y orgullosos que odian a Jesús, o concluir que los fariseos predicaron la venida del Mesías y la resurrección de los muertos. El hecho de que las definiciones de ambos diccionarios incluyan el uso peyorativo moderno de fariseo es preocupante.

El problema va más allá de los estereotipos. Las definiciones atraen al lector a una falacia lógica, que es una forma de manipulación mental. Esta falacia en particular se llama comúnmente La Generalización Apresurada. Una generalización apresurada extrae una regla general de los casos atípicos.

> Ejemplo:
>
> 1. Mi vecino cristiano cuenta chistes subidos de tono.
>
> Por lo tanto:
>
> 2. Los cristianos cuentan chistes subidos de tono.

Este argumento toma un caso individual de un cristiano y extrae de él una regla general, asumiendo que todos los cristianos son como el vecino atípico. La conclusión es insensata porque no demuestra una característica común de todos los cristianos. Puede ser que el vecino no sea un cristiano típico, por lo que la conclusión es falsa. Tal vez va a la iglesia porque es una forma de establecer contactos comerciales. La verdad es que pueden presentarse muchos más vecinos que nunca han escuchado a sus vecinos cristianos contar chistes subidos de tono.

Es importante tener una buena definición de fariseo, ya que jugaron un papel fundamental en la expectativa mesiánica del primer siglo y en la difusión del evangelio.

Lo que muchos estudiantes no saben son hechos históricos básicos que afectan la lectura del texto, especialmente en una traducción como al español. Por ejemplo, Lucas 16:13-15 en la Nueva traducción viviente dice así:

> Nadie puede servir a dos amos. Pues odiará a uno y amará al otro; será leal a uno y despreciará al otro. No se puede servir a Dios y estar esclavizado al dinero.
>
> Los fariseos, que amaban mucho su dinero, oyeron todo eso y se burlaron de Jesús.
>
> Entonces él les dijo: «A ustedes les encanta aparecer como personas rectas en público, pero Dios conoce el corazón. Lo que este mundo honra es detestable a los ojos de Dios.

La frase apositiva, "que eran amantes del dinero", está encerrada con comas. La gramática del traductor al español no solo implica, sino que afirma que todos los fariseos eran amantes del dinero. ¿Es este el mejor lugar para las comas?

El griego del Nuevo Testamento, al igual que el hebreo del TANAJ, no se escribía con signos de puntuación ni letras mayúsculas. Por ejemplo, aquí hay un ejemplo de un texto hebreo TANAJ:

Figura 2

C‧ΚΑΙCΙΔΘΝ‧ΔΙΟΤΙΕ ΕΝΓΗCΕΔΡΑΧ‧ΚΑΙ Δ
ΛΗΜΜΑΛΟΓΟΥϥϥϥϥC‧ΚΑΙCΙΔΘΝ‧ΔΙΟΤΙΕ
ΕΝΓΗCΕΔΡΑΧ‧ΚΑΙ ΔΦΡΟΡΗC ΑCΦΟΔΡΑ
ΑΜΑCΚΟΥΘΥCΙΑΛΥΚΑΙѠΚΟΔΟΜΗCΕΝ
ΤΟΥ‧ϥϥϥΤΙΚCΕΦΡΑΤΥΡΟCΟΧΥΡѠΜΑ
ΑΝΘΡѠΠΟΥC ΚΠΑCΤΑΑΥΤΗC‧ΚΑΙΕΘΗ
ΑCΦΥΛΑCΤΟΥΙΗΝ‧CΑΥΡΙCΕΝΑΡΓΥΡΕ
ΚΑΙΕΝΕΜΑΘ'ΕΤΟΙCΙΟΝѠCΧΟΥ‧ΚΑΙΧΡΥ
ΟΡΙΟΙCΑΥΤΗC‧ΤΥΡΟΛΗΜΜΑΛΟΓΟΥϥϥϥ
C‧ΚΑΙCΙΔΘΝ ΔΙΟΤΙΕ ΕΝΓΗCΕΔΡΑΧ‧ΚΑΙ Δ
ΦΡΟΡΗC ΑCΦΟΔΡΑ ΑΜΑCΚΟΥΘΥCΙΑΛΥ
ΚΑΙѠΚΟΔΟΜΗCΕΝΤΟΥ‧ϥϥϥΤΙΚCΕΦΡΑ
ΤΥΡΟCΟΧΥΡѠΜΑ ΑΝΘΡѠΠΟΥC ΚΠΑC
ΤΑΑΥΤΗC‧ΚΑΙΕΘΗΑCΦΥΛΑCΤΟΥΙΗΝ
CΑΥΡΙCΕΝΑΡΓΥΡΕ ΚΑΙΕΝΕΜΑΘ'ΕΤΟΙC
ΙΟΝѠCΧΟΥ‧ΚΑΙΧΡΥΟΡΙΟΙCΑΥΤΗC‧ΤΥΡΟ
ΛΗΜΜΑΛΟΓΟΥϥϥϥC‧ΚΑΙCΙΔΘΝ‧ΔΙΟΤΙΕ
ΕΝΓΗCΕΔΡΑΧ‧ΚΑΙΑΦΡΟΡΗC ΑCΦΟΔΡΑ
ΑΜΑCΚΟΥΘΥCΙΑΛΥΚΑΙѠΚΟΔΟΜΗCΕΝ
ΤΟΥ‧ϥϥϥΤΙΚCΕΦΡΑΤΥΡΟCΟΧΥΡѠΜΑ
ΑΝΘΡѠΠΟΥC‧ΚΠΑCΤΑΑΥΤΗC‧ΚΑΙΕΘΗ
ΑCΦΥΛΑCΤΟΥΙΗΝ‧CΑΥΡΙCΕΝΑΡΓΥΡΕ
ΚΑΙΕΝΕΜΑΘ'ΕΤΟΙCΙΟΝѠCΧΟΥ‧ΚΑΙΧΡΥ
ΟΡΙΟΙCΑΥΤΗC‧ΤΥΡΟΛΗΜΜΑΛΟΓΟΥϥϥϥ

Figura 3

¡No hay signos de puntuación ni letras mayúsculas! Las cartas del Nuevo Testamento generalmente eran entregadas por personas que conocían la intención del escritor y la explicaban o enseñaban, como Febe para la carta de Pablo a los Romanos. Se aseguró de que la falta de puntuación no diera lugar a malentendidos.

De nuevo, no hay puntuación. ¿Qué pasa si la frase se reescribe sin las comas del traductor?

> Los fariseos que eran amantes del dinero, escuchaban todas estas cosas y se burlaban de él.

Con esta puntuación, el lector no cae en la tentación de pintar a todos los fariseos como amantes del dinero con una brocha gorda. Entre los fariseos que estaban escuchando, los que amaban el dinero comenzaron a burlarse de él. En cualquier iglesia, por lo general hay un subgrupo que puede asistir fielmente, sin embargo, están allí solo para contactos de negocios o para ser vistos "haciendo lo correcto" con el fin de mantener la posición de la comunidad. ¿Por qué esperaríamos que los fariseos fueran diferentes a cualquier otra denominación religiosa? Aún más ejemplos de cómo los fariseos mismos veían a los hipócritas y a las personas tacañas se dan en Fariseo: ¿Amigo o enemigo?

Si bien la mayoría de los estudiantes de la Biblia no clasificarían automáticamente a una persona rica como malvada, sería fácil usar el mismo estereotipo que se usa con los fariseos. Hay algunos casos en las Escrituras donde se habla de los ricos como malos, tales como:

27. Santiago 2:6-7

Pero vosotros habéis afrentado al pobre. ¿No os oprimen los ricos, y no son ellos los [27]mismos que os arrastran a los tribunales? ¿No blasfeman ellos el buen nombre que fue invocado sobre vosotros?

Si sacamos de contexto esto o la advertencia de Yeshúa acerca de que es difícil para un hombre rico entrar al Reino de los Cielos, entonces puede parecer que todos los hombres ricos son blasfemos malvados que oprimen a los pobres. Sin embargo, el contexto completo de las Escrituras tiene ejemplos de hombres y mujeres ricos y generosos y justos, como Job, Abraham, la reina de Saba, Lidia, José de Arimatea, o el fariseo[28] de alto rango[29] Nicodemo, quien no consintió la muerte[30] de Yeshúa en el "tribunal canguro" reunido por los saduceos:

> Cuando llegó la noche, vino un hombre rico de Arimatea, llamado José, que también había sido discípulo de Jesús. Este fue a Pilato y pidió el cuerpo de Jesús. Entonces Pilato mandó que se le diese el cuerpo. Y tomando José el cuerpo, lo envolvió en una sábana limpia, y lo puso en su sepulcro nuevo...[31]

> También Nicodemo, el que antes había visitado a Jesús de noche, vino trayendo un compuesto de mirra y de áloes, como cien libras.[32]

Los estereotipos ciertamente eliminan gran parte de la carga de estudiar diligentemente las Escrituras, pero tomar el contexto completo es un desafío y un trabajo duro. Requiere juntar no solo el significado simple del texto, sino también lo que significó para las personas que pronunciaron las palabras. Para el fariseo del primer siglo, una persona verdadera y espiritualmente rica era "el que está satisfecho con lo que tiene..."[33]

28. Juan 3:1
29. Marcos 15:43
30. Lucas 23:51
31. Mateo 27:57-60
32. Juan 19:39
33. Avot 4:1

Alternativamente, otro tipo de persona rica era espiritualmente deficiente, codicioso, y tenía una visión más grandiosa de sí mismo que la que debería tener cualquier fariseo honorable. Este tipo de persona rica no solo se encuentra al acecho entre los fariseos del primer siglo; él está al acecho entre las Siete iglesias de Apocalipsis de los últimos tiempos:

> Pero por cuanto eres tibio, y no frío ni caliente, te vomitaré de mi boca. Porque tú dices: Yo soy rico, y me he enriquecido, y de ninguna cosa tengo necesidad; y no sabes que tú eres un desventurado, miserable, pobre, ciego y desnudo. [34]

El lenguaje en Apocalipsis es una reminiscencia de la cita de Pirkei Avot. La persona espiritualmente rica está satisfecha con los bienes terrenales que tiene. Esto hace que realmente "no tenga necesidad de nada", porque confía en que Adonai satisfará sus necesidades. El anverso es verdadero. Aquellos que están satisfechos de que ya son satisfechos en bienes espirituales encontrarán que son muy pobres, y de hecho, ¡necesitan mucho más para ser ricos en el Reino! Como dijo Yeshúa, se ven bien por fuera con actos de piedad, pero el interior es una tumba del espíritu.

Otro ejemplo de selección de palabras en español se encuentra en el siguiente versículo:

> **Preguntado (eperotao) por los fariseos**, cuándo había de venir el reino de Dios, les respondió y dijo: El reino de Dios no vendrá con advertencia, [35]

34. Apocalipsis 3:16-17
35. Lucas 17:20

La palabra griega (G1905) eperotao se traduce como "demanda". El verbo es de G1909 y G2065, que significan:

> pedir, es decir, inquirir, buscar:
> preguntar (después, preguntas),
> exigir, desear, preguntar.

La traducción de "exigido" es de lo más desconcertante, porque ¿cuántas veces esa palabra griega en particular se traduce como la más inocua "preguntando" en lugar de la emocionalmente cargada "exigido"? Para los hispanoparlantes, hay una marcada diferencia visceral en la reacción a alguien que pregunta o cuestiona frente a alguien que exige.

La RVR1960 traduce el G1905 de Strong con las siguientes palabras en español:

- preguntar (53x)
- Demanda (2x)
- Deseo (1x)
- Hacer pregunta (1x)
- Pregunta (1x)
- Preguntar después (1x)

Aunque los traductores seleccionan "preguntan" 53 veces en otros contextos, en relación con los fariseos, seleccionan "exigir", ¡una de las dos únicas veces que la palabra se traduce con tanta negatividad! Esto no significa que la Biblia en español esté repleta de malas selecciones de palabras. Significa que las herramientas de estudio están disponibles gratuitamente cuando un lector ve que algo simplemente no cuadra.

Los fariseos no eran tan prevalentes[36] como los lectores de la Biblia pensarían, pero uno podría esperar que estuvieran sobrerrepresentados como grupo en los evangelios porque estaban activos en la esfera de la actividad religiosa. Habrían estado especialmente interesados en otro reformista que predicaba muchas de sus doctrinas y que era

36. Esto se basa en su escasa mención en las obras históricas de Josefo, aunque también fue fariseo durante un período.

popular en Galilea.

Los Evangelios destacan a los fariseos porque su historia estaba muy conectada doctrinalmente con Yeshúa, y sus caminos se cruzaban con frecuencia, ya que compartían audiencias. Dado que la misma vida, muerte y resurrección de Yeshúa fue una validación de las enseñanzas de los fariseos, incluso podríamos decir que los fariseos prepararon el escenario para la llegada de Yeshúa a su generación en particular. Su predicación de la resurrección cayó en muchos oídos judíos preparados para escuchar. Sus obras mesiánicas fueron creídas por muchos ojos judíos dispuestos a ver.

En realidad, sin embargo, los fariseos eran un pequeño número de personas. Fue su doctrina de la resurrección lo que los pone en el enfoque bíblico, no su gran número. El número de fariseos en la época de Herodes pudo haber sido de alrededor de 6,000.[37] Varias fuentes informan que entre 3,000,000 y 4,000,000 de judíos y conversos llenaban Jerusalén durante las fiestas anuales, por lo que la proporción de fariseos con respecto a la población total es muy pequeña.

El pequeño número de fariseos en relación con la población general de judíos del primer siglo le dice al lector que su gran impacto, tanto en los corazones de la gente común como en los evangelios, fue vital para la presentación del mensaje de Yeshúa. Yeshúa llegó como la encarnación de lo que enseñaban los fariseos.

Por ejemplo, Yeshúa afirma la doctrina farisaica de la recompensa y el castigo eternos:

> El que es injusto, sea injusto todavía; y el que es inmundo, sea inmundo todavía; y el que es justo, practique la justicia todavía; y el que es santo, santifíquese todavía. He aquí

37. Saldarini 2001, pg. 99

yo vengo pronto, y mi galardón conmigo, para recompensar a cada uno según sea su obra. Yo soy el Alfa y la Omega, el principio y el fin, el primero y el último. Bienaventurados los que lavan sus ropas, para tener derecho al árbol de la vida, y para entrar por las puertas en la ciudad. Mas los perros estarán fuera, y los hechiceros, los fornicarios, los homicidas, los idólatras, y todo aquel que ama y hace mentira.[38]

Hay otros ejemplos de la identificación de Yeshúa y Pablo con la interpretación farisaica:

- Marcos 12:18-27 y Mateo 22:23-33. Los saduceos desafían a Yeshúa en la resurrección, la esencia de su misión. Yeshúa cita Éxodo 3:6 y dice: "Él es Dios, no de muertos, sino de vivos; Están muy equivocado. Para Yeshúa, la Torá enseñaba la resurrección, una doctrina de los fariseos.
- En Hechos 23:6-7, el apóstol Pablo declara: "Yo soy fariseo, hijo de fariseos; Estoy siendo juzgado por la esperanza de la resurrección de los muertos."

El mensaje central de Yeshúa sobre el perdón de los pecados y la resurrección de los muertos no era inusual ni objetable para los fariseos o sus seguidores. "Una creencia central en su lectura [de los fariseos] del judaísmo es una doctrina compuesta de la vida después de la muerte que incluye tanto la resurrección corporal como la inmortalidad espiritual."[39] Esta doctrina estaba en disputa entre los judíos del primer siglo. Fue rechazado por los saduceos que controlaban el Templo, y por lo tanto controlaban en gran medida el dinero de los impuestos judíos. La incredulidad en

38. Apocalipsis 22:11-15

39. Gillman 2015, pg. 121

la resurrección tenía tentáculos económicos unidos a Roma. Otras sectas rechazaban la resurrección corporal, optando por una existencia espiritual desencarnada.

Yeshúa aclara la pregunta en su aparición a los discípulos después de la resurrección:

> Entonces, espantados y atemorizados, pensaban que veían espíritu. Pero él les dijo: ¿Por qué estáis turbados, y vienen a vuestro corazón estos pensamientos? Mirad mis manos y mis pies, que yo mismo soy; palpad, y ved; porque un espíritu no tiene carne ni huesos, como veis que yo tengo. Y diciendo esto, les mostró las manos y los pies. Y como todavía ellos, de gozo, no lo creían, y estaban maravillados, les dijo: ¿Tenéis aquí algo de comer? Entonces le dieron parte de un pez asado, y un panal de miel. Y él lo tomó, y comió delante de ellos.[40]

Yeshúa anula las doctrinas escatológicas de los esenios y saduceos. Afirma la fe de los fariseos.

Los fariseos también creían en el Espíritu Santo y su papel en la resurrección de los muertos:

> Rabí Pinhas ben Yair dijo: La Torá conduce a la vigilancia; la vigilancia conduce a la presteza; la prontitud conduce a la intachabilidad, la intachabilidad conduce a la separación de lo mundano; la separación conduce a la pureza; la pureza conduce a la piedad; La piedad lleva a la humildad; la humildad lleva al miedo al pecado;

40. Lucas 24:37-43

el miedo al pecado conduce a la santidad; La santidad conduce al Espíritu Santo; El Espíritu Santo conduce a la resurrección.[41]

Desde un punto de vista judío, y probablemente farisaico, el don del Espíritu Santo conduce a la resurrección de los muertos. Cuando Yeshúa ordena a sus discípulos que permanezcan en Jerusalén hasta la Fiesta de Shavuot (Pentecostés), extiende este entendimiento farisaico a las naciones. El Espíritu Santo dado a los gentiles convertidos en Hechos Dos demostró que ellos también pueden recibir el don de la resurrección de entre los muertos, la esencia de la misión del fariseo Pablo a los gentiles.

Los fariseos no tenían cuernos ni halos. Eran solo personas. Algunos eran sinceros, otros no lo eran, y probablemente muchos estaban en medio, al igual que la mayoría de los grupos religiosos. La gente busca líderes religiosos que sean ejemplos y que vivan de acuerdo con la expresión más ideal de la fe. El hecho de que Yeshúa llamara a los individuos codiciosos e hipócritas valida la existencia de los piadosos como Nicodemo. Gracias a los fariseos y a sus sucesores en el período rabínico que registraron sus doctrinas, se preparó el camino para Yeshúa, el Mesías que vino predicando la resurrección de entre los muertos, la recompensa y el castigo, el Espíritu Santo y la participación de los ángeles en el mundo.

41. Luzatto 2007, pg. 43

3

TEXTOS DEL "RAPTO" EN LA TRADICIÓN JUDÍA

Hay algunos textos que los cristianos comúnmente asocian con el Rapto. Uno de esos textos se encuentra en la carta de Pablo a los Tesalonicenses. Presumiblemente, la iglesia en Tesalónica era principalmente gentil, por lo que no estaban informados acerca de la tradición judía concerniente a la resurrección de los muertos. Este texto, que se refiere a la resurrección mayor,[42] instruye a esta iglesia en el pensamiento judío.

> Tampoco queremos, hermanos, que ignoréis acerca de los que duermen, para que no os entristezcáis como los otros que no tienen esperanza. Porque si creemos que Jesús murió y resucitó, así también traerá Dios con Jesús a los que durmieron en él.
>
> Por lo cual os decimos esto en palabra del Señor: que nosotros que vivimos, que habremos quedado hasta la venida del Señor, no precederemos a los que durmieron.[43]

Esta es una referencia a la Fiesta bíblica de las

---

42. Una primera resurrección ocurrió durante la semana de la Pascua cuando Yeshúa resucitó junto con los santos de la antigüedad, quienes fueron vistos caminando por las calles de la Ciudad Santa.

43. 1 Tesalonicenses 4:13-15

Trompetas (Yom Teruah), un día festivo en la tradición judía conocido como Rosh Hashaná.[44] Rosh Hashaná, o la Fiesta de las Trompetas, en la tradición judía es un día de resurrección. El año envejece,[45] muere, y aquellos que caminan con el Santo son resucitados figurativamente como recién nacidos a un nuevo año de obstáculos que superar en Rosh Hashaná. Dormir es figurativo de la muerte, así como Adán y Abraham fueron puestos en un sueño profundo antes de ser despertados para reflejar los "dobles" de la relación de pacto, hombre y mujer.[46]

> El hecho de que despertemos del sueño es una evidencia de la resurrección. - Génesis Rabba 78.

El grito, la trompeta, la reinado sobre toda la tierra y la resurrección son temas judíos asociados con Rosh Hashaná. Crecen a partir de la Semilla de la Torá, los Salmos y los Profetas. Por ejemplo, el Salmo 47 es una canción sobre las fiestas de otoño de Israel, específicamente la Fiesta de las Trompetas, Rosh Hashaná:

> Pueblos todos, **aplaudir**[47] las manos; **Aclamad** a Dios con voz de júbilo. Porque Jehová el Altísimo es temible; **Rey grande sobre toda la tierra**. Él someterá a los pueblos debajo de nosotros, y a las naciones debajo de nuestros pies. Él nos elegirá nuestras heredades; la hermosura de Jacob, al cual amó. *Selah*
>
> **Subió Dios con júbilo**, Jehová con **sonido de trompeta**. Cantad a Dios, cantad; cantad a nuestro **Rey**, cantad; Porque Dios es el **Rey** de toda la tierra; cantad con

---

44. Rosh Hashaná significa "cabeza del año". Para un análisis sobre los posibles conflictos entre el primero de los meses que ocurre en la primavera y la cabeza del año que ocurre en el otoño, vea Verdad, Tradición o Cizaña: Creciendo en la Palabra por el autor.

45. El año bíblico no se calcula como el año secular, que es solar y tiene sus raíces en la historia romana. El año bíblico tiene en cuenta las fases lunares mensuales, así como las estaciones solares. Para una explicación del calendario lunar bíblico, véase el libro de BEKY, La luna nueva bíblica, de Kisha Gallagher.

inteligencia. Reinó Dios sobre las **naciones;** se sentó Dios sobre su santo trono. Los príncipes de los pueblos se reunieron **c**omo pueblo del Dios de Abraham; porque de Dios son los escudos de la tierra; Él es muy exaltado.

Inspirada en este y otros pasajes del Tanaj[48], la liturgia judía en un machzor[49] contiene decenas de palabras y frases con temas del reinado, el trono, el grito, el gobierno de las naciones, el sonido de las trompetas y los shofares[50], y la resurrección de los "durmientes". Uno de los himnos más famosos que se cantan en Rosh Hashaná es "Padre Nuestro, Rey Nuestro". Estas oraciones se ofrecen en la fiesta de otoño de Rosh Hashaná, la Fiesta de las Trompetas.

El enigma es cómo los israelitas llegaron a conectar un mandamiento muy corto y críptico de observar un "Día de Soplo" con todos estos temas estacionales:

- Resurrección
- Grito
- Tocar el shofar y las trompetas
- Un comienzo de año
- Reinado y el trono de Dios
- Gobernar a las naciones
- Nubes
- Prendas blancas
- Juicio
- Arrepentimiento
- Recuerdo

¿Puedes ver los temas anteriores conectados a este breve texto?

Y en el día de vuestra alegría, y en vuestras solemnidades, y en los principios de vuestros meses, tocaréis las trompetas sobre vuestros

46. Véase el Libro de Ejercicios Tres del Evangelio de la Creación: La familia llena del Espíritu para un análisis más exhaustivo de los espejos masculinos y femeninos en las Escrituras.

47. La palabra hebrea para "aplaudir" también se puede traducir como "soplo" (la trompeta).

48. Antiguo testamento

49. Libro de oraciones judío que contiene los servicios de oración para los Días Sagrados de Rosh Hashaná

50. Trompetas formadas con cuernos de carnero o los largos cuernos de la cabra montés.

holocaustos, y sobre los sacrificios de paz, y os serán por memoria delante de vuestro Dios. Yo Jehová vuestro Dios.[51]

¡Es difícil ver todos esos temas! La pista, sin embargo, se encuentra en el vecindario, un principio de smikhut, o colocación de palabras. Las palabras o frases adyacentes pueden dar al lector una visión adicional. En lo que parece ser un cambio de tema en los versículos siguientes está la clave:

> En el año segundo, en el mes segundo, a los veinte días del mes, la **nube se alzó** del tabernáculo del testimonio. Y partieron los **hijos de Israel** del desierto de Sinaí según el orden de marcha; y **se detuvo la nube** en el desierto de Parán. **Partieron la primera vez al mandato de Jehová por medio de Moisés.**[52]

La clave es el movimiento en la nube.

Según la tradición judía, había más de un aspecto de la nube. Sí, había una columna de nube durante el día, pero también enseñan que Israel entró en las "Nubes de Gloria" o "Tabernáculos de Gloria" cuando viajaron de Ramsés a Sucot en el Éxodo. Allí el Santo cubrió a la nación con una morada de nubes que los protegía de las serpientes y los escorpiones de abajo, de los enemigos por todas partes, y del calor del sol durante el día.

> Así partieron del monte de Jehová camino de tres días; y el arca del pacto de Jehová fue delante de ellos camino de tres días, buscándoles lugar de descanso. Y la nube de Jehová iba sobre ellos de día, desde que salieron del

51. Números 10:10

52. Números 10:11-13

campamento.[53]

El maná cayó, y el "árbol" y la "roca" les dieron agua en el desierto. La palabra hebrea para Egipto es Mitzraim, que puede traducirse como "de las tribulaciones." Dentro de la nube, los israelitas construyeron un Tabernáculo para que la Presencia Divina pudiera "morar entre ellos" (Israel):

> Allí me reuniré con los hijos de Israel; y el lugar será santificado con mi gloria... Y conocerán que yo soy Jehová su Dios, que los saqué de la tierra de Egipto, para habitar en medio de ellos. Yo Jehová su Dios[54]

El Tabernáculo era el punto focal de adoración para llevar a la nación a la unidad; dentro de esa nube de unidad nacional, la Presencia Divina podría morar, tal como Pablo escribió a los Tesalonicenses: "... así estaremos siempre con el Señor." Ahora los versículos de Juan y las cartas de Pablo tienen más sentido:

> Yo le dije: Señor, tú lo sabes. Y él me dijo: Estos son los que han salido de la gran tribulación, y han lavado sus ropas, y las han emblanquecido en la sangre del Cordero. Por esto están delante del trono de Dios, y le sirven día y noche en su templo; y el que está sentado sobre el trono extenderá su tabernáculo sobre ellos. Ya no tendrán hambre ni sed, y el sol no caerá más sobre ellos, ni calor alguno; porque el Cordero que está en medio del trono los pastoreará, y los guiará a fuentes de aguas de vida; y Dios enjugará toda lágrima de los ojos de ellos.[55]

Las "cabañas" descritas en la Fiesta de los

53. Números 10:33-34

54. Éxodo 29:43,46

55. Apocalipsis 7:14-17

Tabernáculos[56] son sucot en hebreo. Estos sucot de gloria, o nubes de gloria, son el destino de Israel en la resurrección. Es allí donde Israel mora en la Presencia de la Gloria Divina con Yeshua para siempre.

56. Por favor refiérase al libro de S. Creeger Creciendo en Santidad: el Calendario Hebreo Día a Día para más información sobre las fiestas, particularmente la Fiesta de los Tabernáculos.

4

¿SUBIR O ASENTARSE?

Aunque la narrativa del desierto de la Torá es desafiante, es esta misma narrativa la que siembra el pensamiento judío sobre la resurrección de los muertos en Rosh Hashaná. El Ángel de la Presencia, que aparece como una revelación de Yeshúa para guiar a los israelitas, está a la delantera de sus movimientos. Este ángel que habita en la nube durante el día y en el fuego durante la noche, reúne y mueve el campamento de Israel, lo cual es señalado por el sonido de las trompetas. Estar en la nube con el Ángel de la Presencia es una referencia a la caminata de Israel por el desierto después de ser redimido de Egipto, cuando moraron bajo la nube.

Según la tradición judía, los israelitas entraron en la nube durante la semana de Pascua en su primera parada después de salir de Egipto, un lugar llamado Sucot. El Targum Onkelos[57] registra cómo Levítico 23:42-44 fue interpretado por los antiguos sabios judíos:

> Vivan en cabañas siete días.
> Cada ciudadano en Israel debe
> vivir en cabañas, para que las
> generaciones futuras sepan que Yo
> hice que el pueblo de Israel habitara

57. Drazin 1994, pg. 210

a la sombra[58] de Mi nube cuando los saqué de la tierra de Egipto. Yo, el Señor, soy tu Dios. Moisés habló del orden de los tiempos establecidos por el Señor, y se los enseñó a los israelitas.

En otros fragmentos de los antiguos Tárgumes, la cubierta protectora de la nube se menciona como la sombra de la gloria,[59] y de acuerdo con los Fragmentos del Tárgum de El Cairo Geniza, el Targum del Pentateuco, Códice Vaticano, Neofitti I declara:

"... para que las generaciones futuras sepan que las nubes de la gloria de Mi Shekinah, que eran como cabañas..."

Otra fuente describe el Sucot de gloria de manera similar:

... los sucot del versículo se refieren a las nubes de gloria que acompañaron a los israelitas en el desierto... ¿Qué son las nubes de gloria? Según la tradición, estas nubes no solo guiaban el camino, sino que también nivelaban el camino al eliminar colinas y valles empinados. Una tradición dice que había siete nubes, una en cada uno de los cuatro lados, una arriba para proteger a los israelitas de la lluvia y el sol, otra abajo para matar escorpiones, y la séptima para guiar el camino y nivelar el suelo. Sobre todo, la nube era una señal que representaba la presencia de Dios, o incluso era Su presencia real, porque dice: 'La nube cubrió la Tienda de Reunión, y la Presencia del

---

58. Algunas versiones de los Tárgumes tienen "sombras de Mis nubes" en lugar de sombra, singular.

59. Targum Pseudo Jonathan, Targum Onkelos y Sperber 1959

Señor llenó el Tabernáculo. Moisés no pudo entrar en la Tienda de Reunión, porque la nube se había posado sobre ella y la Presencia del Señor llenó el Tabernáculo.[60]

Las últimas palabras del capítulo veintitrés de Levítico no estaban separadas de las palabras del capítulo veinticuatro en el texto antiguo. Los capítulos y versículos se insertaron mucho más tarde. El resumen de los tiempos establecidos de Israel está conectado temáticamente con el encendido de la menorá de oro.

El Señor habló con Moisés y le dijo:

> Manda a los israelitas que te traigan aceite de oliva claro, batido como relámpago, para encender las luces [de la menorá] para siempre... Esta es una ley perpetua para todas las generaciones. [61]

En el Libro de Ejercicios Uno del Evangelio de la Creación, el vínculo entre las Siete Iglesias de Apocalipsis y las Siete Fiestas de Israel está establecido por los textos de las Escrituras y la tradición judía.[62] Además, la Lámpara ante el Trono se explica al lector como cumpliendo un doble papel simbólico: Las Siete Iglesias y los Siete Espíritus de Dios ante el Trono. Como metáforas que reiteran la importancia apocalíptica de las Siete Fiestas, se reafirma el texto de Levítico, ya que los lectores debían entender que los tiempos establecidos eran de importancia para las "generaciones futuras" y que el vínculo con la menorá era una "ley perpetua para todas las generaciones."

Otros Tárgumes explican brevemente lo que significa estar bajo la "Nube de Gloria": "para que las generaciones futuras sepan que las nubes de la gloria de Mi Shekiná, que eran como cabañas...[63]"

60. Strassfeld 1985, pg. 142

61. Targum Onkelos a evitico 24:2

62. Ver Apéndice A

63. Darzin 200, pg. 210

La Presencia de Adonai habita en la nación de Israel como Israel habita en la Nube. La metáfora de Sucot como la primera parada en la salida de Israel de Egipto y una nube de Presencia Divina es la traducción aceptada del texto de Éxodo 13:20.

La morada de las nubes se llama "Sucot de Gloria." La primera fiesta bíblica, la Pascua, está por lo tanto conectada con la última fiesta, Sucot. ¡El Creador declara el fin desde el principio! En una hermosa imagen de la integridad, plenitud y unidad del único Espíritu Santo, que se caracteriza por las siete manifestaciones de ese Espíritu Santo enumeradas en Isaías 11, las siete fiestas de Israel están representadas entrando en la última fiesta, Sucot, durante la primera fiesta, la Pascua.

Ahora uno puede apreciar por qué Pablo asumió que estos recordatorios de las fiestas de otoño y primavera, Pascua y Sucot, reconfortarían a sus lectores. Pablo incluso describe la reunión de los santos en las nubes (nephele), no en la nube, lo cual es consistente con las interpretaciones rabínicas. La palabra griega nephele, o nubes, se identifica en el uso bíblico como "la nube que guió a los israelitas por el desierto."[64] La nube es a la vez singular y plural en su tema, porque es la habitación de muchos individuos, sin embargo, es una nube protectora.

El contexto de la Primera Mención de una nube móvil en la cual mora con la Presencia de Dios fue escrito desde la antigüedad a Israel: "... La nube se levantó de sobre el tabernáculo del testimonio; y los hijos de Israel se pusieron en camino... Luego la nube se calmó... Así que se mudaron por primera vez, conforme al mandamiento del Señor por medio de Moisés."[65]

Puesto que Pablo asegura a los tesalonicenses que lo que está escribiendo es "por la Palabra del Señor," nos quedamos preguntándonos a qué parte de la Palabra se está refiriendo. Sucot, que también

---

64. Thayer lexicón griego
65. Éxodo 10:11-13

se conoce como la Fiesta de los Tabernáculos, o la Fiesta de las Naciones, comienza en el otoño con la Fiesta de las Trompetas, Rosh Hashaná. Pablo sabía que los lectores judíos tendrían contexto, pero aquellos que no estaban familiarizados con la Palabra[66] del Señor necesitarían pistas sólidas para entender cómo subirían en la resurrección de los muertos.

Las semillas de la resurrección se siembran en la Torá, especialmente en cada día de la Creación, pero centrémonos en el Día Cinco de la Creación. En el Día Cinco, el Creador hizo que las aves cubiertas y emplumadas subieran en enjambres y que los peces descendieran. Este es un espejo quiástico como se mencionó en la Introducción, pero la raíz hebrea de las palabras traducidas como "muchedumbre" o "enjambre" es ratz. ¡La raíz de la palabra sugiere un gran número de pies que se mueven rápidamente!

Este enjambre describe la resurrección de los muertos como aquellas multitudes que ya están dormidas tanto en la tierra como en el mar siendo "vencidas,"[67] así como aquellos que están vivos y permanecen para subir a la nube. ¿Estaba Yeshúa haciendo una declaración irónica cuando les dijo a sus discípulos que sacudieran el polvo de sus pies de las comunidades que no recibieron su mensaje? Si rechazaban la Palabra del Señor, ¡ya estaban muertos en el polvo!

Hay pistas de resurrección a lo largo de los primeros cinco libros de la Biblia, pero las pistas más específicas en la Palabra del Señor se encuentran en las porciones tradicionales de la Torá judía Behaalotkha, Ki Tisa y Pekudei. Los judíos releen la Torá cada año de acuerdo con un ciclo asignado, y cada porción semanal tiene un nombre basado en sus palabras iniciales. Juntan los nombres de estas tres partes de lectura, y dirán:

66. Para una discusión completa de la Torá como la Palabra (así como el resto de las Escrituras hasta el Apocalipsis), vea el Libro de BEKY ¿Qué es la Torá?

67. Apocalipsis 20:13

> "En tu subida, cuando te elevas, en el ajuste de cuentas."

De esas porciones de la Torá provienen la mayoría de las tradiciones judías de Rosh Hashaná (Fiesta de las Trompetas).

Behaalotkha "en tu subida" (para encender la menorá)[68] está en Números 8:1-12:16

Ki Tisa "cuando te elevas" está en Números 30:11-34:35

Pekudei "contabilidad, ajuste de cuentas" está en Números 38:21-40:3

La elevación y el ajuste de cuentas son la expectativa estacional de Rosh Hashaná, Yom HaKipurim y Sucot en la antigua literatura judía como la Mishná: "todo el mundo pasa bajo la vara del Pastor" para el juicio.

Pero acerca de los tiempos y de las ocasiones, no tenéis necesidad, hermanos, de que yo os escriba. Porque vosotros sabéis perfectamente que el día del Señor vendrá, así como ladrón en la noche; que cuando digan: Paz y seguridad, entonces vendrá sobre ellos destrucción repentina, como los dolores a la mujer encinta, y no escaparán. Mas vosotros, hermanos, no estáis en tinieblas, para que aquel día os sorprenda como ladrón. Porque todos vosotros sois hijos de luz e hijos del día; no somos de la noche ni de las tinieblas. [69]

68. Números 8:1-12:6, 30:11-34:35, 38:21-40:38

69. 1 Tesalonicenses 5:1-5

El día es Rosh Hashaná. En ese día, suena la última trompeta (shofar) para llamar a los elegidos de los cuatro vientos en la resurrección. Diez días después es Yom Kippur. Yom HaKipurim es el título exacto de la fiesta. Yom HaKipurim también es un día, sin embargo, comienza en Rosh Hashaná diez días antes. Los decretos de Rosh Hashaná se sellan en los libros al final de Yom HaKipurim. Sin pretender establecer más de lo que se dice en las Escrituras, lo que se implica se basa en la tradición judía de tres clases generales de personas:

a. completamente justos: las personas resucitaron en la nube en "el día", Rosh Hashaná

b. intermedios; personas a las que Yeshúa llama "tibias"[70] Tienen diez días para arrepentirse antes de que su destrucción sea sellada

c. Completamente malvados: personas que no desean arrepentirse ni experimentar la salvación

Los creyentes en la época de Pablo estaban bien instruidos en la Torá y los Profetas, ya que era la Biblia la que utilizaban. Todos habrían estado familiarizados con las Siete Fiestas de Israel detalladas en la Torá. Esto explica por qué Tiatira, que representa Pentecostés (Shavuot), marca el comienzo de la GRAN Tribulación para los malvados.

¿Conocen los creyentes de hoy los tiempos señalados? No tanto.

Pablo asumió que sus lectores saben que el "ladrón en la noche" es una alusión a Rosh Hashaná, la Fiesta de las Trompetas, apodada "El Día y la Hora que Ningún Hombre Conoce." Los decretos de vida o muerte se hacen en el día de Rosh Hashaná, y diez días después en Yom HaKipurim, esos decretos se sellan para que los ángeles los ejecuten. Hay una curiosidad en Yom HaKippurim, el Día de la

70. Apocalipsis 3:16

Expiación. En hebreo, Yom HaKipurim dice: "un día como Purim."

Purim es la celebración de la heroica victoria de la reina Ester y Mardoqueo sobre el malvado Amán en el Libro de Ester. Se le llama Purim por el pur, o suertes, que Amán echó para decidir el día de la destrucción de los judíos. Del mismo modo, en Yom HaKipurim, el sumo sacerdote echó suertes para decidir a qué cabra se le rociaría su sangre en el Lugar Santísimo y qué cabra se enviaría a Azazel. Irónicamente, Yom HaKipurim se estableció en el calendario bíblico mucho antes de Purim, sin embargo, es un día como Purim, un día histórico de liberación y salvación que aún no había sucedido. La Torá está llena de tales profecías.

En Yom HaKippurim, "un día como Purim," en Maor va'Shemesh, Rimzei Purim dice:

> "... incluso el Adversario da testimonio de la justicia de Israel; Nuestro enemigo es confundido y convertido en nuestro partidario. Ese es el simbolismo y el poder del Ketoret (incienso), de tomar el [incienso] de olor pútrido helbonah y crear algo agradable. Esto no es una confusión del bien y el mal [como el árbol], sino la creación de un compuesto diferente, una elevación del mal... el mal ya no impacta de manera negativa; más bien, el mal es cambiado para convertirse en un elemento del bien."[71]

71. Kahn 2012, pg. 261

Lo que esto dice es que en Yom HaKipurim, los malvados serán sellados a la destrucción y los justos a la salvación y resurrección de entre los muertos. A pesar de su mala influencia en cada día del calendario, en Yom HaKipurim, el enemigo es confundido, y sus intentos y planes de maldad contra los justos se convertirán en bien, al igual que el hedor del incienso del Tabernáculo helbonah se convierte en algo agradable en el altar.

Cuando "sube", el incienso compuesto se mezcla con las otras especias y las brasas del altar, representando el arrepentimiento, y los pecados de los que Israel se ha arrepentido se convierten en un aroma agradable, aceptable al Padre. Lo que era un horrible hedor a pecado en sus narices se transforma en el perfume más agradable de la obediencia arrepentida. Satanás, o adversario, del pecado al que acusó se convierte en el abogado con el arrepentimiento de Yom HaKippurim.

A partir del mes bíblico de Elul, es una tradición judía comenzar a tocar el shofar todos los días; es el mes anterior a Rosh Hashaná y Yom HaKipurim. Se cree que esto confunde y enreda al adversario, quien sabe que el sonido del shofar en Rosh Hashaná es el último llamado al arrepentimiento, y su tiempo es corto para influir y planear la maldad. Si la serpiente sabe que su tiempo es corto, tal vez comprenda que sólo tiene hasta un Yom Kippur designado. o Purim... para engañar al mundo antes de que su maldad se transforme en bien para todos los justos y para los que se arrepienten de la injusticia.

A la luz de estas tradiciones, considere la revelación de Juan de la serpiente cuyo tiempo es corto:

> Después hubo una gran batalla en el cielo: Miguel y sus ángeles luchaban contra el dragón; y luchaban el dragón y sus ángeles; pero no prevalecieron, ni se halló ya lugar para ellos en el cielo. Y fue lanzado fuera el gran dragón, la serpiente antigua, que se llama diablo y Satanás, el cual engaña al mundo entero; fue

arrojado a la tierra, y sus ángeles fueron arrojados con él. Entonces oí una gran voz en el cielo, que decía: Ahora ha venido la salvación, el poder, y el reino de nuestro Dios, y la autoridad de su Cristo; porque ha sido lanzado fuera el acusador de nuestros hermanos, el que los acusaba delante de nuestro Dios día y noche. Y ellos le han vencido por medio de la sangre del Cordero y de la palabra del testimonio de ellos, y menospreciaron sus vidas hasta la muerte. Por lo cual alegraos, cielos, y los que moráis en ellos. ¡Ay de los moradores de la tierra y del mar! porque el diablo ha descendido a vosotros con gran ira, sabiendo que tiene poco tiempo.[72]

Rosh Hashaná se celebra durante dos días debido al "velo" DEL DÍA en la luna nueva, ya que el día está determinado bíblicamente por la aparición de la luna nueva del séptimo mes. Además, Yom HaKipurim es el Día del Juicio. Lo que Rosh Hashaná decreta, Yom Kippur lo SELLA.

Mientras dicen: "¡Paz y seguridad!", entonces la destrucción vendrá sobre ellos de repente como dolores de parto a una mujer encinta, y no escaparán.

Los dolores de parto se mencionan en Apocalipsis, porque ambas mujeres van al desierto para probarse. Los hijos de una mujer llevarán la marca de su pareja, la bestia.[73] Los hijos de la otra mujer tienen el testimonio de Yeshúa y los mandamientos de Dios.[74] Cada año, en Rosh Hashaná, Israel renace en la sinagoga durante las oraciones y los toques del shofar, de ahí la alusión a los dolores de parto. El pueblo renace en un momento en que

72. Apocalipsis 12:7-12
73. Apocalipsis 17:3
74. Apocalipsis 12:6,14

suena el shofar, en un día.

"El Día" no alcanzará a los justos como a un ladrón, porque ellos conocen los tiempos señalados, especialmente Rosh Hashaná. Son hijos del día, lo que significa que la Luz de la Torá y la Lámpara de los mandamientos brillan en ellos.[75] Si el testimonio de la Palabra de Dios brilla desde adentro, entonces uno no puede estar en tinieblas. De hecho, ¡la luz de uno se ve mejor en la oscuridad! Aquí es donde la porción de la Torá Behaalotkha es tan importante ("En tu subida"), ya que se enfoca en cuidar la Menorá, la Lámpara del Espíritu. Explica la elevación Ki Tisa de los santos en la Fiesta de las Trompetas cuando suena el shofar en el ajuste de cuentas Pekudei escrito en los libros.

En el Día Cuatro de la Creación, el sol, la luna y las estrellas, las luminarias, fueron establecidas para gobernar tanto el día como la noche, así como las estaciones (moedim: tiempos señalados). Los tiempos señalados fueron establecidos como profecías incluso antes de que un hombre fuera creado para aprender de ellos. Más tarde, fueron entregados a Israel como días festivos establecidos. Para aquellos que desean ser contados entre los justos en su ascenso a la resurrección en el tiempo señalado profetizado, Isaías escribe un recordatorio de la historia de Israel de ser recogido por el Ángel de la Presencia de Adonai:

> Porque dijo: Ciertamente mi pueblo son, hijos que no mienten; y fue su Salvador. En toda angustia de ellos él fue angustiado, y el ángel de su faz los salvó; en su amor y en su clemencia los redimió, y los trajo, y los levantó todos los días de la antigüedad.[76]

Para aquellos niños que no hablarán con falsedad, que se arrepentirán con sinceridad y se comportarán

---

75. Proverbios 6:23

76. Isaías 63:8-9

de manera consistente con su testimonio de Yeshúa y los mandamientos de Dios, esa invitación a la Presencia de la reunión de nubes sigue en pie. Yeshúa es el testigo fiel y verdadero, el Hijo que no trató falsamente con el Padre, sino que ejecutó fielmente sus mandamientos.

Las Profecías de la Simiente de la Torá

En el Día Cinco de la Creación, Elohim creó pájaros cubiertos de plumas y peces cubiertos de escamas. Se les llamaba "enjambres", lo que indica una palabra raíz (ratz) que connota un gran número de pies que se mueven rápidamente.

Los pájaros volaban por encima de la tierra, pero dentro del aire respirable. Los peces estaban escondidos.

Hay dos pistas: un gran número que se desplaza por encima de la tierra, cubierto, y aquellos que estaban ocultos a la vista para ser "pescados", pero no muy lejos. Del mismo modo, los justos muertos y vivos en Yeshúa serán reunidos en gran número en las nubes en un día oculto y se ocultarán en un tiempo de tribulación. El patrón se establece aún más en el éxodo de Egipto:

> Porque la porción de Jehová es su pueblo; Jacob la heredad que le tocó. Le halló en tierra de desierto, y en yermo de horrible soledad; lo trajo alrededor, lo instruyó, lo guardó como a la niña de su ojo. Como el águila que excita su nidada, revolotea sobre sus pollos, extiende sus alas, los toma, los lleva sobre sus plumas, Jehová solo le guio, y con él no hubo dios extraño. Lo hizo subir sobre las alturas de la tierra...[77]

77. Deuteronomio 32: 9-13

Este subidón es un componente específico de la

Fiesta de las Trompetas, o Rosh Hashaná. Es un día de conmemoración. Los israelitas deben mirar a una liberación pasada para entender las futuras, específicamente la resurrección de los muertos en Rosh Hashaná. Cada año, a los israelitas se les recordará la futura redención recordando el pasado:

> Habla a los hijos de Israel y diles:
> En el mes séptimo, al primero del mes tendréis día de reposo, una conmemoración al son de trompetas, y una santa convocación.[78]

Rosh Hashaná es una fiesta de conmemoración en la tradición judía. Como una de las siete fiestas, es un ensayo: mikra. Es una práctica para un evento profético. ¡Pablo no habría esperado que sus lectores olvidar la Fiesta de las Trompetas como un ensayo para la resurrección!

En la explicación de Pablo a los tesalonicenses, el Señor mismo desciende del cielo con un grito y una trompeta, pero los santos son arrebatados. ¿Dónde está "arriba"? Con un poco de investigación en la palabra griega para "aire", no parece que el aire al que se reúnen los santos esté tan alto. De hecho, según la definición, se respira normalmente:

> Strong's #109 aer de aemi (respirar inconscientemente, es decir, respirar; por analogía, soplar)

> Definición: el aire, particularmente el aire más bajo y denso, a diferencia del aire más alto y raro.

Además, la expectativa judía registrada en el Talmud, Hagigah 5a, es que el Espíritu de Dios no está más alto sobre las aguas de lo que volaría una paloma, lo cual se basa en el versículo inicial de

78. Levítico 23:24

79. Dalman y Lightfoot, 2002, pg. 65

80. Genesis 15:17

81. Estas bendiciones emparejadas se discutirán en el libro de BEKY La cueva de las parejas: Lo que realmente está enterrado en Hebrón.

82. La ubicación de Sion será significativa en la Sección 2 como un "lado" oculto del altar y un lugar de resurrección. Debido a que Isaías se niega a "guardar silencio" hasta que Jerusalén se manifieste en resplandor, la media hora de silencio en el Cielo (Rev 8:1) indica un posible logro de esta meta celestial. A esto se le corresponde el silencio ordenado por Moisés mientras los israelitas esperan la "salvación" del Señor mientras él abre el Mar de Juncos para sacarlos del agua en esa salvación y resurección ardiente y resplandeciente.

83. El término hebreo para antorcha humeante es "esh lapid". La jueza de Israel, Débora, estaba casada con un hombre llamado Lappidot, o "antorchas", en plural. La raíz del nombre

Génesis. Marcos 1:10 coincide con la expectativa de la "altura de la paloma"[79]: "Al instante, saliendo del agua, vio que se abrían los cielos, y que el Espíritu como una paloma descendía sobre él..." Lucas 9:35 continúa: "Y vino una voz de la nube, que decía: Este es mi Hijo amado; escuchadle". La paloma y la nube dan pistas sobre la "altura" de un reino del Cielo.

La paloma era también la ofrenda indivisa del pacto entre las piezas:

> Y sucedió que, puesto el sol, y ya oscurecido, se veía un horno humeando, y una antorcha de fuego que pasaba por entre los animales divididos.[80]

Las piezas eran animales que se partían por la mitad, formando una imagen especular del otro lado. Esto podría representar las bendiciones casi idénticas prometidas a Abraham y Sara[81] en el pacto. La pareja era de dos, pero eran uno. En un sentido más amplio, podría representar a la mujer justa de Israel entrando en unidad con su Esposo, porque la pequeña paloma era individida.

La antorcha encendida aparecía cuando el sol se ponía. Esta ofrenda dividida precedió a la construcción del Tabernáculo o Templo, sin embargo, era la profecía de la ofrenda quemada (olah) íntegra y completa, por la mañana y por la tarde, del Tabernáculo. Esta ofrenda diaria era tamid, o perpetua. Nada detuvo las ofrendas olah de la tarde y de la mañana. Olah significa "subir,"

La antorcha de la tarde continúa ardiendo y purificando las cenizas del sacrificio de la tarde, la primera resurrección, a través de la noche hasta el olah de la mañana, o ofrenda quemada completa, de la segunda resurrección. De esta manera, las cenizas de la ofrenda de resurrección anterior todavía estaban presentes en la ofrenda de la siguiente, una profecía ininterrumpida de los descendientes de Abraham "subiendo". Un lado de las piezas reflejaba a los demás, algo dividido, pero que sin embargo formaba parte de un solo ser. El mismo fuego de resurrección pasó a través de ambos. Las palomas, que también son símbolos de resurrección, estaban enteras.

> ¿Qué era esta Antorcha Ardiente de la Alianza entre las piezas? Isaías 62:1 sugiere que fue "su salvación", o Yeshúa [tah]:

Por amor a Sion[82] no me quedaré callado, y por amor a Jerusalén no me quedaré callado, hasta que su justicia salga como un resplandor, y su salvación como una antorcha[83] que arde.

El pacto en el Sinaí también se hizo en humo ardiente, pero Israel rompió el pacto:

> No como el pacto que hice con sus padres el día que tomé su mano para sacarlos de la tierra de Egipto; porque ellos invalidaron mi pacto, aunque fui yo un marido para ellos, dice Jehová.[84]

Jeremías habla de un nuevo pacto en el que la Palabra será escrita en los corazones de Israel. Su salvación, Yeshúa, vino para mediar en un mejor pacto y una mejor resurrección. Al enviar al Espíritu Santo para que escribiera la Palabra en los corazones de sus discípulos, comenzó a reconstruir la unidad entre el "Esposo" Adonai y la "Esposa" Israel. La Palabra no cambió, Israel sí. Dado que Yeshúa aparece y desaparece vestido con vestiduras de humo, fuego y nubes en las profecías de la Torá, podemos llamarlo el Esposo "oculto."

Con toda la charla de árboles y pájaros, considere

(83 cont) de Deborah, rbd DVR, es también la raíz de las palabras "abeja" y "Palabra". Los juicios de la Torá son más dulces que la miel (Sal 19:10; 119:103), por lo que el lugar de Débora como una de las maestras de la Torá en el Jardín Inferior del Edén tiene sentido, porque a través de su palabra profética, los carros de hierro de los enemigos de Israel fueron derrotados. Su esposo Lappidot es un juego de palabras en el esh lapid, la antorcha ardiente de la Palabra, Yeshúa. Débora libró una guerra con un hombre llamado Barac (relámpago). Un ataque como un rayo contra el enemigo con la Palabra es una característica digna de un maestro del Edén.

84. Jeremías 31:32

estos pasajes que describen la altura de los ejércitos del Cielo:

> Y cuando oigas ruido como de marcha por las copas de las balsameras, entonces te moverás; porque Jehová saldrá delante de ti a herir el campamento de los filisteos.[85]

> Y así que oigas venir un estruendo por las copas de las balsameras, sal luego a la batalla, porque Dios saldrá delante de ti y herirá el ejército de los filisteos.[86]

Los árboles de bálsamo tienen un contexto específico, el Jardín de la novia:

> Yo vine a mi huerto, oh hermana, esposa mía; he recogido mi mirra y mis aromas;[87]

Los árboles de bálsamo terrestres inferiores pueden representar los árboles de bálsamo que, según se dice en la tradición, pueblan el Jardín Inferior del Edén. De hecho, cuenta la leyenda que uno de los ríos del Edén mana con bálsamo o perfume de bálsamo. La mirra huele de maravilla cuando se mezcla con otros aromas en un perfume, pero sola, como helbonah, ¡huele bastante repugnante! ¿Qué pasa si Yeshúa mezcla mirra, que es una especia de la muerte[88], con bálsamo? El resultado sería un maravilloso perfume de muerte mezclado con un árbol vivo. El simbolismo no puede perderse aquí.

Como promete al ladrón arrepentido en la cruz, Yeshúa reunirá a los justos muertos en el Jardín Inferior, llamado Paraíso, y perfumará a los justos muertos con bálsamo verde y vivo. Para David, la altura de los pasos de los ejércitos del Cielo estaba

---

85. 2 Samuel 5:24

86. 1 Crónicas 14:15

87. Cantar de los cantares 5:1

88. "Nicodemo, que había venido a Él por primera vez de noche, también vino, trayendo una **mezcla** de mirra y áloe, de unas cien libras de peso." (Juan 19:39) En la Sección 2, el principio de la ofrenda vespertina olah que arde toda la noche hasta la mañana se explicará con más detalle como

en las copas de los árboles de bálsamo terrenales. ¿Qué tan alto está el ejército del Cielo? ¿A qué altura ascenderán los santos? Aunque es un reino espiritual oculto a los ojos físicos, tal vez no sea más alto que la copa de un árbol o una nube baja. El profeta Eliseo vio en ese reino espiritual, y las Escrituras lo describen así:

> Y oró Eliseo, y dijo: Te ruego, oh Jehová, que abras sus ojos para que vea. Entonces Jehová abrió los ojos del criado, y miró; y he aquí que el monte estaba lleno de gente de a caballo, y de carros de fuego alrededor de Eliseo.[89]

La redacción es extraña aquí. "el monte" está llena de un ejército de fuego que rodea a Eliseo. Si el fuego llena la montaña, ¿cómo puede rodear a Eliseo? Esta extraña afirmación será explicada en el contexto de los ardientes Ríos del Edén que rodean el Jardín del Edén.

89. 2 Reyes 6:17

5

EL JARDÍN, LA NUBE Y LOS MUERTOS

Si se suponía que los israelitas debían creer en Moisés para siempre, entonces tenemos una muy buena razón por la que Yeshúa explicó su resurrección comenzando con Moisés. Allí es donde se escribieron las profecías de la semilla:

> Entonces Jehová dijo a Moisés: He aquí, yo vengo a ti en una nube espesa, para que el pueblo oiga mientras yo hablo contigo, y también para que te crean para siempre.[90]

La gente necesita creer en Moisés para siempre porque en el Cántico de Moisés en Apocalipsis 15:3, ¡todavía están cantando su cántico! Además, la "nube espesa" es una profecía del Jardín del Edén, o Paraíso, donde según la tradición judía y las palabras de Yeshúa en la cruz, las almas de los justos muertos esperan la primera resurrección: "En Gan Edén [Jardín del Edén], desde la pared hacia adentro, hay una nube espesa, pero sus alrededores son brillantes."[91] Esta nube brillante recuerda la nube brillante que envolvió a Yeshúa, Moisés y Elías en el Monte de la Transfiguración, una visión tan clara que los discípulos quisieron construir

90. Éxodo 19:9

91. Rafael 2009, Pg. 199

Sucot (Tabernáculos).

La Profecía de Jericó

Cuando los israelitas concluyeron su peregrinación por el desierto, tuvieron que cruzar el río Jordán. En hebreo, Jordan es Yarden, que significa "descenso". Yeshúa estaba inmerso en el Yarden, diciéndole a su primo Juan que tenía un propósito, señalando que el favor del Padre descendería sobre él de una manera especial y que Yeshúa descendería de una manera especial en su segunda venida.

Pablo aseguró a los tesalonicenses que el Señor descendería con un grito para encontrarse con la Amada y reunirla en el Jardín Inferior, o Paraíso, en la resurrección. Israel, entonces, es una tierra física que representa una realidad espiritual de resurrección. Al ver la tierra física, uno ve una imagen del Jardín Inferior, que está justo encima de ella.

Un milagro acompañó la entrada de los israelitas a la Tierra de Israel bajo el liderazgo de Josué. Fue un milagro similar al cruce del Mar de los Juncos en el Éxodo de Egipto. El Salmo 114 implica que al mismo tiempo que Israel salió de Egipto, el río Yarden corría hacia atrás, un hecho que se repite cada año en el séder familiar de Pésaj:

> Cuando salió Israel de Egipto, la casa de Jacob del pueblo extranjero, Judá vino a ser su santuario, e Israel su señorío. El mar lo vio, y huyó; el Jordán se volvió atrás. Los montes saltaron como carneros, los collados como corderitos. ¿Qué tuviste, oh mar, que huiste? ¿Y tú, oh Jordán, que te volviste atrás?[92]

Un cuerpo de agua que normalmente fluía hacia abajo a través de Israel hasta Jericó, y luego hacia el valle de Sodoma y Gomorra, de repente

---
92. Salmo 114:1-5

cambió de dirección, subiendo. Bajó, luego subió. Extrañamente, se amontonó como una columna todo el camino hasta una ciudad llamada Adán, a unas 30 millas río arriba de su lugar de cruce en Zaretán[93], cerca de Sucot[94] y Jericó.

Los israelitas cruzaron este río en un aniversario de su éxodo de Egipto. Hasta la destrucción en la generación de Abraham, este mismo río convirtió la llanura de Sodoma y Gomorra "hacia el oriente"[95] en un hermoso jardín bien regado como el Edén y como los jardines irrigados de Egipto:

> Y alzó Lot sus ojos, y vio toda la llanura del Jordán, que toda ella era de riego, como el huerto de Jehová, como la tierra de Egipto en la dirección de Zoar, antes que destruyese Jehová a Sodoma y a Gomorra.[96]

Después de la destrucción geológica, el río Yarden desembocó en el Mar Salado, o Mar Muerto, una profunda cuenca de agua salada que se levantó en un terremoto que probablemente acompañó al fuego y al azufre.[97]

> Y aconteció cuando partió el pueblo de sus tiendas para pasar el Jordán, con los sacerdotes delante del pueblo llevando el arca del pacto, cuando los que llevaban el arca entraron en el Jordán, y los pies de los sacerdotes que llevaban el arca fueron mojados a la orilla del agua (porque el Jordán suele desbordarse por todas sus orillas todo el tiempo de la siega), las aguas que venían de arriba se detuvieron como en un montón bien lejos de la ciudad de Adam, que está al lado de Saretán, y las

93. Para una explicación del significado profético de Zarethan y Sucot, véase el Libro de Ejercicios Uno del Evangelio de la Creación, sección "El oro del cielo en un molde de barro."

94. Más tarde, Salomón fundió las vasijas de metal para el Primer Templo en la arcilla de la llanura entre Zaretán y Sucot. Las vasijas de metal no tienen que ser destruidas si se vuelven ritualmente impuras, pero pueden ser pasadas a través del agua y el fuego y restauradas para su uso santo.

95. Jehová Dios plantó un huerto hacia el oriente, en Edén; y allí colocó al hombre que había formado. Génesis 2:8

96. Génesis 13:10

97. Boher 2007, Pg. 201-202

que descendían al mar del Arabá, al Mar Salado, se acabaron, y fueron divididas; y el pueblo pasó en dirección de Jericó. Mas los sacerdotes que llevaban el arca del pacto de Jehová, estuvieron en seco, firmes en medio del Jordán, hasta que todo el pueblo hubo acabado de pasar el Jordán; y todo Israel pasó en seco.[98]

En el Monte Sinaí, se les mostró a los israelitas que aún no estaban listos para "subir," sin embargo, la Presencia y la voz descendieron sobre ellos. Cuando oyeron el cuerno de carnero, sólo entonces pudieron subir:

> ...Y señalarás término al pueblo en derredor, diciendo: Guardaos, no subáis al monte, ni toquéis sus límites; cualquiera que tocare el monte, de seguro morirá.No lo tocará mano, porque será apedreado o asaeteado; sea animal o sea hombre, no vivirá. Cuando suene largamente la bocina, **subirán** al monte.[99]

Del mismo modo, cuando Israel cruzó el Jordán, fue una profecía de Yeshúa descendiendo a su encuentro. Se acercaron a la primera ciudad, Jericó. Así como el límite en el Sinaí era una luz roja hasta que sonaba el cuerno del carnero, así el límite de los muros de Jericó se mantuvo hasta la luz verde del toque del cuerno del carnero. En ese momento, Israel podría ascender a la ciudad y a la Tierra de Israel, profecía del Paraíso. Los israelitas rodearon Jericó, simulando el movimiento de los ríos circulares del Edén.

Ahora, Jericó estaba cerrada, bien cerrada, a causa de los hijos de

98. Josué 3:14-17

99. Éxodo 19:12-13

> Israel; nadie entraba ni salía. Mas Jehová dijo a Josué: Mira, yo he entregado en tu mano a Jericó y a su rey, con sus varones de guerra. Rodearéis, pues, la ciudad todos los hombres de guerra, yendo alrededor de la ciudad una vez; y esto haréis durante seis días. Y siete sacerdotes llevarán siete bocinas de cuernos de carnero delante del arca; y al séptimo día daréis siete vueltas a la ciudad, y los sacerdotes tocarán las bocinas… (Josue 6:1-4)

Los shofares son heraldos, trompetas en los tiempos señalados, las siete fiestas de Israel. Cuando el ciclo profético de las siete fiestas finalmente se complete, Jericó estará "en tu mano." Cada fiesta profetiza algún aspecto del plan divino de salvación, liberación, resurrección y restauración de los seres humanos al dominio del primer Adán en el Jardín de Edén, el Paraíso. La voz de Adonai emanaba de entre los dos querubines del Arca en el Lugar Santísimo del Tabernáculo. Para llegar a Jericó, la voz viajó en círculos a su alrededor, simulando esos ríos circulares del Edén, que representan al Espíritu de Adonai.[100] Son los ríos a los que Yeshúa se refirió cuando se paró en la Fiesta de los Tabernáculos y dijo:

> En el último y gran día de la fiesta, Jesús se puso en pie y alzó la voz, diciendo: Si alguno tiene sed, venga a mí y beba.[101]

Yeshúa se proclamó a sí mismo como la "brecha" que la humanidad necesitaba para regresar al Jardín, para ser resucitada de las barreras de la muerte, el infierno y la tumba. A través de la "voz" de Yeshúa hablando la Palabra del Padre como en el Sinaí, los muros caerían para que el paso se abriera para Israel y pudieran ascender al Jardín.

---

100. Véase el Libro de Ejercicios Cinco del Evangelio de la Creación: Volumen Uno, Bereshit, para una explicación completa de los Ríos del Edén como el entorno del Espíritu de Dios.

101. Juan 7:37

...Y cuando toquen prolongadamente el cuerno de carnero, así que oigáis el sonido de la bocina, todo el pueblo gritará a gran voz, y el muro de la ciudad caerá; entonces subirá el pueblo, cada uno derecho hacia adelante. Llamando, pues, Josué hijo de Nun a los sacerdotes, les dijo: Llevad el arca del pacto, y siete sacerdotes lleven bocinas de cuerno de carnero delante del arca de Jehová. (Josue 6:5-6)

Keren puede significar un rayo de luz, poder o un cuerno literal. A menudo se hace referencia a la resurrección como "poder de resurrección", ya que tal transformación del cuerpo humano requiere el poder del Espíritu Santo. Esta quinta fiesta, Rosh Hashaná, corresponde al quinto Espíritu de Adonai enumerado en Isaías 11:2, que es el Poder. Incluso el nombre judío de la Fiesta de las Trompetas, Rosh Hashaná, insinúa lo que sucede ese día. Aunque literalmente significa "la cabeza del año", la raíz de shaná significa "cambio". El siguiente gráfico muestra cuándo y cómo ocurre la resurrección a las nubes de gloria:

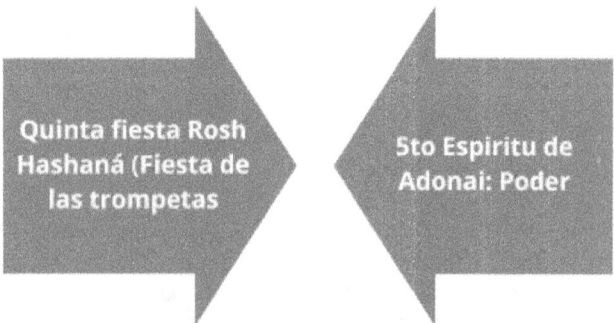

El estallido del cuerno de carnero en la Fiesta de las Trompetas fue un estallido largo y poderoso. Se le conoce como el día de la explosión del despertar, o literalmente, Yom Teruá el Día del Soplo.[102] Las trompetas de resurrección llaman a los justos en Rosh Hashaná a pasar por su cambio a un cuerpo inmortal, y los Yovlim (plural de shofar) los sellan en sus cuerpos de nueva vida en Yom HaKipurim diez días después. Esto explica por qué Israel necesitaba creer en Moisés para siempre. La Revelación de Juan es la Revelación en el Sinaí cumplida, y tantas otras profecías de TANAJ[103] también.

Por ejemplo, el yovel de Jericó se asocia con el tiempo de la Pascua:

> Y Jehová dijo a Josué: Hoy he quitado de vosotros el oprobio de Egipto; por lo cual el nombre de aquel lugar fue llamado Gilgal, hasta hoy. Y los hijos de Israel acamparon en Gilgal, y celebraron la pascua a los catorce días del mes, por la tarde, en los llanos de Jericó. Al otro día de la pascua comieron del fruto de la tierra, los panes sin levadura, y en el mismo día espigas nuevas tostadas.[104]

Gilgal significa "rodar o dar vueltas". En hebreo moderno, un neumático es una galgal. Al igual que los ríos del Edén, el nombre de Gilgal refleja el camino circular de los tiempos señalados. Los israelitas cruzarán a esta Tierra Prometida física especial después de la fiesta de la Pascua. La Tierra física de Israel es un paso hacia la entrada en el hogar espiritual del Jardín Inferior por encima de ella. En Jericó, este cruce estaba marcado por el sonido del yovel, o cuerno de carnero. Yovel es también la palabra hebrea para el "Jubileo" en español, un año de liberación y regreso al hogar original, que representa un regreso al Jardín del Edén.

El Jubileo se basa en contar los períodos de tiempo

102. La Fiesta de las Trompetas también se conoce como Yom Teruah, Rosh Hashaná, el Día del Soplo o el Día de la Explosión del Despertar

103. Antiguo Testamento

104. Josué 5:9-11

de siete sietes, y se le da una huella tanto en las temporadas de fiestas de primavera como de otoño. Incluso el Shabbat semanal es un Pequeño Jubileo para compartir con los demás.

(Semana de Primavera de) Pascua: Jericó 7, 7, 7x7

Shavuot[105] : Fiesta de las Semanas 7x7

(Semana de Otoño de) Sucot: Shmitá[106] y Jubileo 7, 7x7

Shavuot ocurre anualmente. Después de la celebración de la Pascua de las Primicias, se cuentan siete semanas para un jubileo anual, Shavuot o Fiesta de las Semanas. La Fiesta de las Semanas se une a otras dos fiestas de semanas, la Pasçua en la primavera y Sucot en el otoño[107]. Para aprender acerca del "Día del Señor", un creyente necesita saltar al ciclo de las fiestas bíblicas cada año. La belleza de un círculo es que no hay un lugar de inicio o de parada. Una persona puede saltar en cualquier día del calendario, moverse con el poder del Espíritu Santo y convertirse en parte del ajuste de cuentas en el momento de subir. Yeshúa extendió esta invitación a todos, porque Shavuot tiene una invitación especial para que los gentiles se unan a los judíos en la celebración. [108]

Las primicias del trigo se celebran en Shavuot. Es una celebración de los productos, porque Adonai dice: "la tierra es MÍA". Esta es una puerta abierta incluso para aquellos que NO tienen herencia en la Tierra: extranjeros, forasteros, huérfanos, viudas y levitas.[109] El Libro de Rut se lee en las sinagogas el día de Shavuot. Su historia abarca el tiempo entre las primicias de la cebada en Pesaj y las primicias del trigo en Shavuot. Fue entonces cuando la justa no judía Rut fue invitada a unirse al círculo con los judíos Noemí y Booz en la Tierra de Israel. Rut dice:

105. Pentecostés

106. Año de liberación de la servidumbre

107. Ver figura 1

108. Para una visión general del calendario bíblico, véase creciendo en santidad: El calendario hebreo día a día de S. Creeger.

109. A los levitas no se les dio una herencia de tierra cultivable o de pastoreo, sino de ciudades de refugio

Respondió Rut: No me ruegues que te deje, y me aparte de ti; porque a dondequiera que tú fueres, iré yo, y dondequiera que vivieres, viviré. Tu pueblo será mi pueblo, y tu Dios mi Dios. Donde tú murieres, moriré yo, y allí seré sepultada; así me haga Jehová, y aun me añada, que solo la muerte hará separación entre nosotras dos.[110]

Noemí y Booz eran de Belén. Un salvador surgiría de allí, un salvador que reuniría a muchos de las naciones en los Ríos del Edén que circulaban. Como Yeshúa le dijo a la mujer samaritana: "La salvación viene de los judíos."[111] Rut reconoce su papel profético, y su persistencia en asuntos de salvación y esperanza en la resurrección de los muertos la llevan al círculo del Jardín de las fiestas, conmemorado para siempre en la celebración de Shavuot. Fue antepasada del rey David y del Mesías.

La semana de la Pascua incluye las primicias de la cebada. Antes de la muerte, sepultura y resurrección de Yeshúa durante la semana de la Pascua, ocurre la transfiguración con Moisés y Elías, un evento que impulsa a los tres discípulos a ofrecer la construcción de Sucot (cabañas, tabernáculos) en el sitio. Pésaj y Sucot se unen a Shavuot, el pequeño jubileo. Lucas 9:30-31 describe la transfiguración:

> Y he aquí que hablaban con él dos hombres, que eran Moisés y Elías; el cual apareció en gloria, y habló de su muerte, la cual estaba a punto de cumplir en Jerusalén.

La palabra "muerte" en griego es "éxodo", vinculando la inminente muerte, sepultura y resurrección de Yeshúa con el Éxodo de Egipto.[112] La semana de Sucot incluye diezmos de diversos tipos de productos y ganado, y reitera el mensaje

110. Rut 1:16-17
111. Juan 4:22
112. Dalman Pg. 106

de compartir con extraños, forasteros, huérfanos, viudas y levitas, aquellos que no tienen herencia en la Tierra.

¿Hay otros ejemplos de la caída de la nube?

> Y cuando los sacerdotes salieron del santuario, la nube llenó la casa de Jehová. ¹¹ Y los sacerdotes no pudieron permanecer para ministrar por causa de la nube; porque la gloria de Jehová había llenado la casa de Jehová. Entonces dijo Salomón: Jehová ha dicho que él habitaría en la oscuridad.[113]

Pablo escribe algo que no esperaba que fuera una sorpresa, algo que dice que es por la Palabra del Señor. En otras palabras, los discípulos de Yeshúa ya deberían tener un contexto para el evento diseñado para que "estén siempre con el Señor." Fue el edificio del Tabernáculo el que fue un punto focal de enseñanza y para que el Santo habitara entre Israel en una espesa nube:

> Y harán un santuario para mí, y habitaré en medio de ellos.[114]

> Allí me **reuniré** con los hijos de Israel; y el **lugar será santificado** con mi gloria. Y santificaré el tabernáculo de reunión y el altar; santificaré asimismo a Aarón y a sus hijos, para que sean mis sacerdotes. Y **habitaré entre los hijos de Israel**, y seré su Dios. Y conocerán que yo soy Jehová su Dios, que los **saqué de la tierra de Egipto, para habitar en medio de ellos.** Yo Jehová su Dios.[115]

113. 1 Reyes 8:10-12
114. Éxodo 25:8
115. Éxodo 29:43-46

El Tabernáculo era un lugar de morada con la gloria de Adonai, conmemorado para siempre por su evento precipitante, el éxodo de Egipto. Dentro del contexto, se menciona el sacerdocio de Aarón.

> Entonces Jehová dijo a Moisés: He aquí, yo vengo a ti en una nube espesa, para que el pueblo oiga mientras yo hablo contigo, y también para que te crean para siempre. Y Moisés refirió las palabras del pueblo a Jehová. [116]

En Yom Kippur, el sumo sacerdote lleva las nubes de incienso al Lugar Santísimo. Es un día en el que la Nube Divina se une a las nubes de las oraciones del Pueblo de Israel. Es un día de intimidad en la nube, representado por los querubines espejados (quiástico) sobre el arca. En la tradición judía, representaban a un hombre y una mujer. No se sabe si literalmente tenían esa forma, pero la imagen espiritual de la intimidad es el punto de la tradición. El Cohen HaGadol (Sumo Sacerdote) trae la nube de incienso, que representa las oraciones arrepentidas de Israel, y se funde con la Presencia Divina que se cernía sobre el arca en la Nube. Las dos nubes se convierten en una.

El Shabbat se entiende en el judaísmo como un tipo de anillo de boda que identifica a la Novia Israel. La intimidad física del matrimonio es una tradición de Shabbat, una parábola de la intimidad espiritual con el Rey por parte de la Novia.[117]

Uno viste ropa fina en Shabbat, al igual que en los Sábados altos de las fiestas bíblicas, porque es la expectativa de una invitación de boda. Al vestirse en Shabbat, refleja la expectativa de que la profecía del Día se cumplirá. Uno desea entrar en la nube en Rosh Hashaná, ser sellado en matrimonio en Yom HaKipurim y disfrutar de la fiesta de bodas en Sucot.

Respondiendo Jesús, les volvió a hablar en parábolas, diciendo: El reino de los cielos es semejante a un rey

116. Éxodo 19:9

117. También hay una tradición de la Reina del Shabbat que presenta otro aspecto

que hizo fiesta de bodas a su hijo; y envió a sus siervos a llamar a los convidados a las bodas; mas estos no quisieron venir. Volvió a enviar otros siervos, diciendo: Decid a los convidados: He aquí, he preparado mi comida; mis toros y animales engordados han sido muertos, y todo está dispuesto; venid a las bodas. Mas ellos, sin hacer caso, se fueron, uno a su labranza, y otro a sus negocios; y otros, tomando a los siervos, los afrentaron y los mataron. Al oírlo el rey, se enojó; y enviando sus ejércitos, destruyó a aquellos homicidas, y quemó su ciudad.

Entonces dijo a sus siervos: Las bodas a la verdad están preparadas; mas los que fueron convidados no eran dignos. Id, pues, a las salidas de los caminos, y llamad a las bodas a cuantos halléis. Y saliendo los siervos por los caminos, juntaron a todos los que hallaron, juntamente malos y buenos; y las bodas fueron llenas de convidados. Y entró el rey para ver a los convidados, y vio allí a un hombre que no estaba vestido de boda. Y le dijo: Amigo, ¿cómo entraste aquí, sin estar vestido de boda? Mas él enmudeció.

Entonces el rey dijo a los que servían: Atadle de pies y manos, y echadle en las tinieblas de afuera; allí será el lloro y el crujir de dientes. Porque muchos son llamados, y pocos escogidos.[118]

El Shabbat es la boda semanal en la tradición judía; Prepara a los elegidos... Y los que decidan asistir... para la gran fiesta de bodas en Sucot, el Séptimo Día. Aunque se invita tanto a los huéspedes malos como a los buenos, no es una excusa para optar el rechazar la santificación de los mandamientos o las obras continuas de arrepentimiento. La obra de Yeshúa no es mirar hacia otro lado cuando aquellos que asisten a sus fiestas lo hacen sin venir vestidos de mandamientos con arrepentimiento. Yeshúa murió por esos vestidos de boda.

118. Mateo 22:1-14

Las vestiduras blancas son prominentes tanto en la tradición como en las Escrituras. Simbolizan la obediencia al Trono Celestial. Un mensaje a la asamblea de Laodicea en Apocalipsis insinúa esta necesidad de obediencia.

> Y vi a los muertos, grandes y pequeños, de pie ante Dios; y los libros fueron abiertos, y otro libro fue abierto, el cual es el libro de la vida; y fueron juzgados los muertos por las cosas que estaban escritas en los libros, según sus obras. Y el mar entregó los muertos que había en él; y la muerte y el Hades entregaron los muertos que había en ellos; y fueron juzgados cada uno según sus obras.[119]

Cada persona tiene un libro en el que están escritas sus obras. Esas obras se miden contra lo que está escrito en el Libro de la Vida, y se dicta un juicio. Los muertos vienen tanto de la tierra (Hades) como del mar.

119. Apocalipsis 20:12-13

6

BOMBEROS Y VESTIDURAS DE JUSTICIA

El mensaje a la última iglesia de Apocalipsis, Laodicea, está escrito en formato de memorándum, no en una carta. Un memorándum está diseñado para las personas dentro del entorno de trabajo. En términos modernos, se envía un memorándum entre oficinas a las personas que ya trabajan para la empresa; saben lo que se va a producir; saben quién es el jefe y los supervisores; conocen los horarios de trabajo y de descanso; conocen los problemas dentro de la empresa; Y saben lo que se considera un éxito, tanto en el propio trabajo particular como en relación con toda la empresa. Un memorándum es para personas que ya están familiarizadas con su contexto, pero necesitan recordatorios o instrucciones adicionales.

Para: Tabernáculos de Laodicea – Adat Shabbat/Sucot

De: El Amén, el testigo fiel y verdadero, el comienzo de la creación de Dios

Obras Limpias Creativas del Espíritu de Reverencia: Ninguna mencionada

Obras inmundas: Yo conozco tus obras, que no sois ni fríos ni calientes; Ojalá fueras frío o caliente. Así que, porque eres tibio, y ni frío ni caliente, te escupiré de mi boca.

Mandamientos: Porque decís: "soy rico, y me he enriquecido, y de ninguna cosa tengo necesidad; y no sabes que tú eres un desventurado, miserable, pobre, ciego y desnudo. Por tanto, yo te aconsejo que de mí compres oro refinado en fuego, para que seas rico, y vestiduras blancas para vestirte, y que no se descubra la vergüenza de tu desnudez; y unge tus ojos con colirio, para que veas. Yo reprendo y castigo a todos los que amo; sé, pues, celoso, y arrepiéntete.

Exhortación: He aquí, yo estoy a la puerta y llamo; si alguno oye mi voz y abre la puerta, entraré a él, y cenaré con él, y él conmigo. Al que venciere, le daré que se siente conmigo en mi trono, así como yo he vencido, y me he sentado con mi Padre en su trono. El que tiene oído, oiga lo que el Espíritu dice a las iglesias.

Guardar los mandamientos es para crecer en

la salvación, no la salvación en sí misma, y la obediencia a los mandamientos es la justicia de Yeshúa, no del individuo. Es el vestido justo del Mesías de obediencia viviente el que uno adquiere y usa para vestir la desnudez. Los creyentes viven en la vestimenta de los mandamientos de Yeshúa, pero no son los fabricantes de ellos. Los justos la adquieren con fidelidad para vivir como él lo hizo. Moisés instruyó a los israelitas: "Y viviréis por ellos..." Veh-chai b'hem. La implicación es que una vez salvos, así como los israelitas fueron salvados de Egipto, entonces los mandamientos crean un clima favorable para el crecimiento en una nueva vida después de la liberación.

Es importante no confundir la salvación en Yeshúa con las obras de fidelidad al Salvador. En Yeshúa, el creyente nace de nuevo sin ningún esfuerzo propio, así como un bebé nace en este mundo sin ningún esfuerzo propio. Así como la madre soporta los dolores de parto, así el sufrimiento y la tribulación del Mesías trajeron la salvación para todos los que abrazaran ese renacimiento.

Nacer, sin embargo, no es un logro que la mayoría de los adultos proclamen con frecuencia. En cambio, los bebés crecen hasta la madurez, y aunque pueden regocijarse por la oportunidad de vivir y disfrutar de la vida, reconocen que la vida requiere crecimiento en las acciones, no simplemente disfrutar del regalo de la existencia. Del mismo modo, los creyentes deben estar eternamente agradecidos por el regalo de la salvación, pero la vida requiere vivir y crecer. Esta es la función de los mandamientos, porque uno debe vivir EN ellos, no nacer de ellos. ¡No caminar en la fe es equivalente a que un niño nunca dé sus primeros pasos! La salvación no se basa en las obras, sino que el crecimiento hasta la edad adulta depende de un trabajo bueno y diligente.

En la parábola de Yeshúa del hombre con ropas sucias en el banquete de bodas, la vestimenta de uno en la mesa del Rey es importante. A los laodicenses también se les advirtió que necesitaban vestiduras blancas para que su desnudez no fuera revelada. Cuando Adán y Eva pecaron, fue entonces cuando supieron que estaban desnudos. Un mandamiento que se obedece es "vestirse", pero un mandamiento desobedecido quita esa vestidura. En la tradición rabínica, Adán y Eva estaban revestidos de luz, pero cuando pecaban, la gloria se iba, y recibían pieles de animales.

Desde la perspectiva mesiánica, tal vez fueron revestidos con la piel del Cordero que fue inmolado desde la fundación del mundo[120] para cubrir su vergüenza. Ese mismo Cordero está muy comprometido a restaurar las vestiduras de luz blanca a sus discípulos, porque la Torá es una luz, y el mandamiento es una lámpara. Los seres humanos fueron creados para ser más que lámparas de barro "debajo de una canasta"; fueron creadas para ser lámparas vivas, elevadas para la Luz.

En el Jardín del Edén, había una piedra de ónix negro,[121] una piedra preciosa que se encuentra en el lugar del "Buen Oro." El ónix en hebreo es shoham, pero su raíz significa "volverse blanco." Estos negros... nada de piedras blancas...[122] Se encontraron dentro de los Ríos del Edén. Un río en hebreo significa "ardiente y resplandeciente". Los Ríos del Edén eran fuego ardiente alimentado por el Río que fluía del Edén Celestial. Gramaticalmente, el Buen Oro en Génesis Dos es un nombre/sustantivo propio, no un adjetivo que modifica un sustantivo común como se traduce habitualmente. El Buen Oro profetiza de un pueblo que habitará el Jardín. Ahora vuelve a leer:

Apocalipsis 3:18 insta:

Por tanto, yo te aconsejo que de mí compres oro refinado en fuego, para que seas rico, y vestiduras

120. Apocalipsis 13:8
121. Génesis 2:12
122. Yeshúa promete a sus fieles que recibirán esta piedra blanca en Apocalipsis 2:17.

blancas para vestirte, y que no se descubra la vergüenza de tu desnudez...

Aunque Juan escribe en griego, el verbo afín hebreo para "comprar" es liknot, y tiene un doble significado de "adquirir," no solo pagar dinero. Las buenas obras no se pueden comprar, pero hay un precio para adquirirlas, que es el sufrimiento de la obediencia.[123]

En la tradición judía, los mandamientos se convierten en ropas espirituales para la vida después de la muerte, y sin ellos, uno experimenta vergüenza en el juicio cuando se abren los libros, porque no hay obras de "vida" que coincidan con el Libro de la Vida en sus libros. Las transgresiones son manchas que deben ser "blanqueadas" de esas ropas a través de la confesión y el arrepentimiento.

Adonai asegura a su pueblo que, aunque sus pecados sean como la grana, los hará blancos como la nieve;[124] Adonai aceptará su arrepentimiento y perdonará sus transgresiones. La ley judía considera la nieve como un agente limpiador primario (hamlaben) junto con el agua.[125] La observancia de los mandamientos y el arrepentimiento ayudan a un discípulo de Yeshúa a permanecer vestido de Yeshúa y a aumentar la conciencia de las transgresiones, así que, por supuesto, ¡permanece vestido! La obediencia honra la sangre derramada por el Mesías y evita la vergüenza de la desnudez en el juicio. Se cree que el río espiritual exterior del Edén, el Río Pisón, está representado por el río Nilo físico, donde el lino crecía a lo largo de sus orillas para obtener lino, que es shesh en hebreo.

Las vestiduras de lino que llevaban los sacerdotes del Templo estaban hechas de shesh:

123. Aunque era un Hijo, aprendió la obediencia de las cosas que sufrió. (Hebreos 5:8)

124. Isaías 1:18

125. Appel pg. 153

> Strong's #8336 שש shesh
>
> Definición: **algo blanco blanqueado**, biso, lino fino, alabastro

El lino, o shesh, se escribe con una letra hebrea doble shin. La letra shin representa el shen, los dientes, y shon, la lengua. En las Escrituras, el shon (lengua) es un "fuego."[126] La doble shin ilustra la blancura del lino, así como su fuego y el número seis, el número del hombre y la bestia, que fueron creados en el Sexto Día de la Creación. ¡Los sacerdotes ministraban con vestiduras de lino de fuego figurado! A medida que los ríos ardientes rodeaban el Edén, los sacerdotes le recordaban a Israel su restauración al Buen Oro y su necesidad de vestiduras blancas. Dos veces Israel ve este recordatorio de lenguas ardientes como un símbolo de la restauración del Jardín.

La primera fue en el Monte Sinaí, cuando Israel "vio" los sonidos del fuego en la montaña. Ellos recibieron los mandamientos de Adonai en ese momento, respondiendo: "Haremos y escucharemos." De acuerdo con la tradición rabínica, las 70 naciones simbólicas del mundo recibieron la oferta del pacto al sonido del shofar, pero solo Israel aceptó como nación.[127] La segunda vez fue en Hechos Dos, donde una vez más cayó fuego del Cielo en forma de lenguas hendidas. Aquellos que celebraban la Fiesta de Shavuot en el Templo comenzaron a hablar en los idiomas del mundo en esas lenguas. El shofar del carnero atrapado en la espesura es un símbolo omnipresente de Shavuot, y la Akeidah, o atadura de Isaac, se lee como un recordatorio de la resurrección. ¿Qué aspecto tiene una lengua de fuego hendida? ¡Una letra hebrea shin! ¡Fuego, fuego!

126. Isaías 30:27, Santiago 3_5-6

127. Los sabios judíos también dicen que Moisés expuso la Torá a los israelitas en los 70 idiomas del mundo (Lichtman, 2006, p. 319).

7

YESHUA EN LA NUBE DEL ÉXODO

Es en el Libro del Éxodo donde se detalla tanta información sobre la resurrección de los muertos. En un capítulo anterior, se estableció la conexión lingüística entre la resurrección de Yeshúa y la palabra griega "éxodo". Sin embargo, el título del Libro del Éxodo no era originalmente Éxodo. En hebreo, es Shemot, que significa "nombres". Los nombres son los hijos de Israel que salieron de Egipto. Fueron el aumento de las tribus, y fueron contados o contados a partir de los 70 israelitas originales que fueron de la Tierra Prometida a Egipto:

> Estos son los nombres de los hijos
> de Israel que entraron en Egipto
> con Jacob; cada uno entró
> con su familia: Rubén, Simeón,
> Leví, Judá, Isacar, Zabulón,
> Benjamín, Dan, Neftalí, Gad y
> Aser. Todas las personas que le
> nacieron a Jacob fueron setenta. Y
> José estaba en Egipto. Y murió José,
> y todos sus hermanos, y toda aquella
> generación. Y los hijos de Israel
> fructificaron y se multiplicaron, y
> fueron aumentados y fortalecidos
> en extremo, y se llenó de ellos la

tierra.[128]

Cuando los "nombres" israelitas hicieron su éxodo de Egipto, su número había aumentado grandemente, y una multitud mixta de otras naciones también se fue con ellos, todos cubiertos con un manto de salvación. Una vez que entraron en el desierto, se les dieron los mandamientos de aumentar en santidad para que pudieran entrar en la Tierra Prometida, una tierra física que representaba el Jardín. Las pistas de resurrección aumentan en Shemot, el Libro del Éxodo. En este libro de la Torá, la actividad de la nube clarifica el proceso de la resurrección.

La porción de la Torá del Éxodo, Pekudei, significa "contabilidad" o "ajuste de cuentas." Si un israelita o uno de la multitud mixta quisiera ser contado en la nube, entonces los siguientes versículos de Pekudei dan una idea de ello:

> Entonces una nube cubrió el tabernáculo de reunión, y la gloria de Jehová llenó el tabernáculo. Y no podía Moisés entrar en el tabernáculo de reunión, porque la nube estaba sobre él, y la gloria de Jehová lo llenaba. Y cuando la nube se alzaba del tabernáculo, los hijos de Israel se movían en todas sus jornadas; pero si la nube no se alzaba, no se movían hasta el día en que ella se alzaba. Porque la nube de Jehová estaba de día sobre el tabernáculo, y el fuego estaba de noche sobre él, a vista de toda la casa de Israel, en todas sus jornadas. (Éxodo 40:34-38)

"La nube" es la frase repetitiva, que aparece cuatro veces en pocos versos, un barrio muy pequeño para tantos avistamientos. La nube se caracteriza por una Presencia del Señor que mora en el interior,

128. Éxodo 1:1-7

llenura y gloria. Había fuego en la nube por la noche, ¡y todos podían verlo! La nube no se perdió de vista. El movimiento de la nube determinaba dónde acampaba Israel y cuándo se movían. Es muy similar a las cuatro criaturas vivientes que se movían a donde el Espíritu quería ir en Ezequiel:

> Y cuando los seres vivientes andaban, las ruedas andaban junto a ellos; y cuando los seres vivientes se levantaban de la tierra, las ruedas se levantaban. Hacia donde el espíritu les movía que anduviesen, andaban; hacia donde les movía el espíritu que anduviesen, las ruedas también se levantaban tras ellos; porque el espíritu de los seres vivientes estaba en las ruedas. Cuando ellos andaban, andaban ellas, y cuando ellos se paraban, se paraban ellas; asimismo cuando se levantaban de la tierra, las ruedas se levantaban tras ellos; porque el espíritu de los seres vivientes estaba en las ruedas.[129]

Ruedas dentro de la rueda describe el movimiento saviv de los Ríos espirituales del Edén. Aquellos que moraban dentro de las ruedas del río del Edén podían "elevarse" si esa era la voluntad del Espíritu. Las cuatro criaturas vivientes del buey, el león, el hombre y el águila eran los cuatro estandartes por los cuales las doce tribus de Israel acampaban y se movían. Dentro de las "ruedas" del Edén, había vida y espíritu. Se cree que antes del pecado, Adán y Eva tenían la capacidad de pasar entre los reinos físico y espiritual, o celestial, del Jardín del Edén. Con sus vestiduras especiales de luz, podían elevarse dentro de las ruedas de los ríos del Jardín.

El Salmo 104:1-4 describe las vestiduras de luz y la capacidad de caminar por las nubes que la primera

129. Ezequiel 1:19-21

pareja pudo haber disfrutado antes de su pecado:

> Bendice, alma mía, a Jehová. Jehová Dios mío, mucho te has engrandecido; te has vestido de gloria y de magnificencia. El que se cubre de luz como de vestidura, que extiende los cielos como una cortina, que establece sus aposentos entre las aguas, el que pone las nubes por su carroza, el que anda sobre las alas del viento; el que hace a los vientos sus mensajeros, y a las flamas de fuego sus ministros.

El cielo es shamayim en hebreo, una mezcla de la letra shin, que representa el fuego, y mayim, que es agua. La nube del desierto que guiaba a los israelitas estaba compuesta de agua y fuego. Un pilar, amud, tiene la implicación de algo firmemente establecido y en pie, amad, en hebreo. Sin embargo, este establecimiento celestial se movía a un nivel que podía ser visto por cada israelita en el viaje, ya fuera de día o de noche.

En esa nube de fuego y agua, había "vestiduras" especiales requeridas de esplendor y luz. En esas aguas de nubes estaban los "rayos" de los "aposentos superiores" del Santo. Del mismo modo, Moisés brillaba con una luz espléndida, lo que sugería que había accedido a las cámaras inferiores de las aguas de las nubes donde se encontraban los rayos fundamentales. La misma palabra para la luz del manto רוא en el Salmo describe los rayos de luz que brillaban en el rostro de Moisés después de que habló con Adonai.

Moisés necesitaba una prenda especial y ligera para durar incluso en la Presencia de los aposentos inferiores. Del mismo modo, los sacerdotes tenían que usar vestiduras especiales en el Tabernáculo para "esplendor y gloria." Ellos mediaron para Israel entre el cielo y la tierra, enseñándoles las instrucciones de la Torá para que sus días fueran largos. Los aposentos superiores descritos en el Salmo 104 son וַיְתוֹיְלָע (aliyotav). Una traducción simple es "Su lugar de subida, ascenso."

> Y harás vestiduras sagradas a Aarón tu hermano, para honra y hermosura. [130]

> Y para los hijos de Aarón harás túnicas; también les harás cintos, y les harás tiaras para honra y hermosura. [131]

Las vestiduras representaban una forma temporal para que el hombre se aferrara a su Creador en Sus aposentos superiores, aunque todavía estuvieran confinados a la tierra física. Las espléndidas vestiduras blancas eran necesarias, porque los sacerdotes ministraban en la gloria del Tabernáculo y del Templo. Algo de esa gloria de las nubes y el fuego del aposento inferior les fue impartida para animar a Israel, quien a su vez animaría a las naciones a volver a su Creador y abandonar a otros dioses que nunca podrían devolverlos a la gloria y belleza del Jardín Inferior llamado Edén.

> Porque como el cinto se junta a los lomos del hombre, así hice juntar a mí toda la casa de Israel y toda la casa de Judá, dice Jehová, para que me fuesen por pueblo y por fama, por alabanza y por honra; pero no escucharon. [132]

Hay un aspecto de la nube que no es tan divertido de pensar, pero sí necesario. Aquellos que moran allí deben ser capaces de cumplir con un estándar de juicio más estricto, de ahí la preocupación por la santidad. Si Adán y Eva cayeron del Huerto

130. Éxodo 28:2
131. Éxodo 28:40
132. Jeremías 13:11

a causa del pecado, un regreso al Huerto en pecado no sería prudente. Durante cuarenta años en el desierto, los israelitas fueron educados en la santidad, adquiriendo las vestiduras de Yeshúa, el santo mandamiento. Aprendieron a obedecer al Padre, lo que significaba que tenían que obedecer el juicio del Ángel en la nube, que tenía el Nombre Divino y la voz dentro de él.

> He aquí yo envío mi Ángel delante de ti para que te guarde en el camino, y te introduzca en el lugar que yo he preparado. Guárdate delante de él, y oye su voz; no le seas rebelde; porque él no perdonará vuestra rebelión, porque mi nombre está en él. Pero si en verdad oyeres su voz e hicieres todo lo que yo te dijere, seré enemigo de tus enemigos, y afligiré a los que te afligieren.[133]

Ese ángel los protegió en el viaje y los llevó a la Tierra de Israel, un lugar de resurrección, pero el requisito previo era la obediencia. Pueden haber sido un pueblo salvado de Egipto, pero no los transformó inmediatamente en una nación santa y obediente, apta para un jardín de resurrección. Las transgresiones que aún residen en ellos harían que su residencia en la Tierra Prometida fuera corta. Fue solo Moisés quien logró un resplandor de luz que irradiaba de su rostro en su intimidad con la voz y los mandamientos.

El Ángel en la Nube tenía un atributo y una habilidad especial, el poder de perdonar el pecado. Este era un poder de juicio asignado a él por el Santo. Este poder de perdonar o no perdonar el pecado era importante, ya que el Ángel tenía la tarea de guiar y proteger a Israel hasta que llegaran a Tierra Santa.

> Y Jehová respondió a Moisés: Al que

133. Éxodo 23:20-22

pecare contra mí, a este raeré yo de mi libro. Ve, pues, ahora, lleva a este pueblo a donde te he dicho; he aquí mi ángel irá delante de ti; pero en el día del castigo, yo castigaré en ellos su pecado. Y Jehová hirió al pueblo, porque habían hecho el becerro que formó Aarón.[134]

El Ángel fue enviado con poder de juicio. Había libros en el Cielo que registraban las obras de cada individuo. Los libros seguían abiertos hasta "El Día" del castigo por el pecado. Curiosamente, "el Señor hirió al pueblo" a causa del becerro de oro, por lo que parece que había dos castigos, uno inmediato y otro que se administraría en "el día". Entre todas las explicaciones posibles, tal vez el Santo esté señalando que hay consecuencias inmediatas para el pecado, sin embargo, sigue habiendo un juicio en la resurrección. El juicio de "El Día" sería el más serio, porque podría resultar en que el nombre de uno fuera borrado del Libro de la Vida.

El Ángel de la Presencia Divina jugó un papel en el liderazgo de Israel. Él no perdonaría a los rebeldes, y podríamos suponer, a los pecados no arrepentidos. No podía, porque tenía que actuar de acuerdo con la voluntad del Nombre Divino y el poder dentro de él. Si él tenía el poder de no perdonar el pecado rebelde, entonces el anverso debería ser verdadero: él tenía el poder de perdonar a un pecador arrepentido.

Este poder delegado para perdonar, o no perdonar, las transgresiones aparece de nuevo en el Mesías Yeshúa:

> Yo, la luz, he venido al mundo, para que todo aquel que cree en mí no permanezca en tinieblas. Al que oye mis palabras, y no las guarda, yo no le juzgo; porque

134. Éxodo 32:33-35

no he venido a juzgar al mundo, sino a salvar al mundo. El que me rechaza, y no recibe mis palabras, tiene quien le juzgue; la palabra que he hablado, ella le juzgará en el día postrero. Porque yo no he hablado por mi propia cuenta; el Padre que me envió, él me dio mandamiento de lo que he de decir, y de lo que he de hablar. Y sé que su mandamiento es vida eterna. Así pues, lo que yo hablo, lo hablo como el Padre me lo ha dicho.[135]

Yeshúa se identifica con la Torá, las instrucciones del Padre a Sus hijos Israel, porque la "Torá es una Luz, y el mandamiento es una Lámpara." El Ángel de la Presencia tenía la autoridad del Padre en el desierto para hablar Su Palabra, y la Presencia del Ángel era vinculante porque el Nombre, y por lo tanto las obras del Padre estaban en él. El ángel no habló por su propia iniciativa, sino que reflejó exactamente la Palabra viva del Padre por la cual Israel fue juzgado. Yeshúa se identifica a sí mismo de acuerdo con este patrón de "nube" y recuerda a sus oyentes que la misma Palabra los juzgará en el último día.

Y sucedió que le trajeron un paralítico, tendido sobre una cama; y al ver Jesús la fe de ellos dijo al paralítico: Ten ánimo, hijo; tus pecados te son perdonados. Entonces algunos de los escribas decían dentro de sí: Este blasfema. Y conociendo Jesús los pensamientos de ellos, dijo: ¿Por qué pensáis mal en vuestros corazones? Porque, ¿qué es más fácil, decir: Los pecados te son perdonados, o decir: Levántate y anda?

135. Juan 12:46-50

> Pues para que sepáis que el Hijo del Hombre tiene potestad en la tierra para perdonar pecados (dice entonces al paralítico): Levántate, toma tu cama, y vete a tu casa. Entonces él se levantó y se fue a su casa. Y la gente, al verlo, se maravilló y glorificó a Dios, que había dado tal potestad a los hombres.[136]

La reacción del público es significativa. Yeshúa era un hombre, pero tenía autoridad para perdonar, por lo que no era un ser humano ordinario. Estaban asombrados por esta autoridad, que había sido dada al Ángel de la Presencia del Santo para guiar a Israel a casa. La autoridad del trono real del Nombre Divino dentro del Ángel de la Presencia, Yeshúa, está escrita en los Salmos, y el lenguaje tradicional de las fiestas de otoño se encuentra en esos versículos.

La mención progresiva en el Salmo 47 vincula el tema judío tradicional de Rosh Hashaná, la autoridad del trono y la realeza, con el sonido del shofar:

> Subió Dios con júbilo, Jehová con sonido de trompeta(shofar) (5)
>
> Reinó Dios sobre las naciones; se sentó Dios sobre su santo trono. (8)
>
> Porque Jehová el Altísimo es temible; rey grande sobre toda la tierra. (2)

Las oraciones de la sinagoga durante Rosh Hashaná mencionan repetidamente los temas de la autoridad del Rey, mientras que diez días después en Yom HaKippurim, las oraciones se convierten en súplicas de perdón. Después de Yom HaKippurim, solo cinco días después, Israel entra en Sucot, la Fiesta de los Tabernáculos, para morar con la Presencia

136. Mateo 9:2-8

Divina. Este es el tiempo profético del cual Zacarías profetiza:

> Y todos los que sobrevivieren de las naciones que vinieron contra Jerusalén, subirán de año en año para adorar al Rey, a Jehová de los ejércitos, y a celebrar la fiesta de los tabernáculos.[137]

Zacarías entonces profetiza algo que suena familiar, un "golpe" y un "castigo" que una vez se aplicó a Israel en el desierto, en efecto, expandiendo la autoridad del Ángel de la Presencia sobre toda la tierra:

> Y si la familia de Egipto no subiere y no viniere, sobre ellos no habrá lluvia; vendrá la plaga con que Jehová herirá las naciones que no subieren a celebrar la fiesta de los tabernáculos. Esta será la pena del pecado de Egipto, y del pecado de todas las naciones que no subieren para celebrar la fiesta de los tabernáculos.[138]

Las condiciones de las nubes de Israel ahora se extienden y unen a las naciones de la tierra bajo la autoridad del Ángel de la Presencia. A la persona del Mesías Yeshúa, un "hombre" que se llama a sí mismo el "Hijo del hombre," se le dio autoridad extraordinaria para perdonar el pecado. Él también gobernará sobre la tierra con la autoridad Divina del Padre. Después de que el mundo tenga la oportunidad de reconocerlo como teniendo la autoridad del Rey en Rosh Hashaná, y después de que hayan buscado sinceramente el perdón, representado por Yom HaKippurim, entonces entrarán en recompensas y castigos durante la Fiesta de Sucot. Cada individuo tendrá que vivir ahora con sus opciones de rebelión u obediencia a

137. Zacarías 14:16
138. Zacarías 14:18-19

los mandamientos.

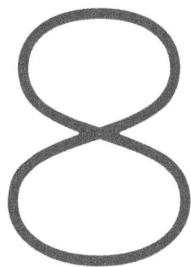

PARTES EN LA NUBE

> Behaalotkha "**en tu subida**" para encender la menorá está en Números 8:1-12:16
>
> Ki Tisa "**cuando te elevas**" para dar un rescate por tu alma y escapar de la plaga está en Números 30:11-34:35
>
> Pekudei registra la "**contabilidad, el ajuste de cuentas**" del Tabernáculo en Números 38:21-40:38

La menorá de siete brazos es el primer tema de la porción de la Torá Beha'alotkha.[139] En el Tabernáculo, el encendido de la lámpara de siete brazos, o menorá, iba acompañado de la quema de incienso. Era una ofrenda "tamid" o perpetua, profetizando algo que perdura. El incienso sobre las brasas del altar de bronce creó nubes en la tienda:

> Y Aarón quemará incienso aromático sobre él; cada mañana cuando aliste las lámparas lo quemará. Y cuando Aarón encienda las lámparas al anochecer, quemará el incienso;

139. Números 8:1-12:16

rito perpetuo delante de Jehová por vuestras generaciones.[140]

El Sumo Sacerdote ofrecía las nubes (oraciones) delante de las siete lámparas. Hay una gran "nube" de testigos. Tradicionalmente, los israelitas laicos acompañaban a los sacerdotes y levitas en su servicio diario con oraciones y ayunos. Los sacerdotes, los levitas y los "vigilantes" laicos representaban a toda la nación de Israel en el servicio del altar. Testificaron y fueron testigos de las diversas lecciones de salvación, redención, santificación, resurrección, arrepentimiento y gratitud representadas por los sacrificios en el altar.

> también oí a otro, que desde el altar decía: Ciertamente, Señor Dios Todopoderoso, tus juicios son verdaderos y justos. El cuarto ángel derramó su copa sobre el sol, al cual fue dado quemar a los hombres con fuego. Y los hombres se quemaron con el gran calor, y blasfemaron el nombre de Dios, que tiene poder sobre estas plagas, y no se arrepintieron para darle gloria.[141]

Cuando un altar habla, vale la pena escuchar el mensaje. En este caso, el altar menciona a aquellos que blasfemarán contra el Nombre de Dios que tiene poder sobre las plagas. Esta es una conexión fácil. El Ángel en la Nube podía ejercer juicio sobre el Libro, y tenía el poder del perdón por el pecado.

> El Señor le dijo a Moisés: "Al que haya pecado contra mí, yo lo borraré de mi libro. Pero ve ahora, dirige al pueblo donde te dije. He aquí, mi ángel irá delante de vosotros; sin embargo, el día que yo castigue, los castigaré por su pecado." Entonces el Señor hirió

140. Éxodo 30:7-8

141. Apocalipsis 16:7-9

al pueblo por lo que habían hecho con el becerro que Aarón había hecho.

El ángel en la columna de nube y fuego habló con Moisés. El Ángel de la Presencia en la columna de nube habló la Palabra a Moisés y tenía la autoridad del Nombre dentro de él para perdonar o no perdonar las transgresiones de esa Palabra. Significativamente, la plaga cayó sobre los israelitas que pecaron con el Becerro de Oro.

Los hombres en Apocalipsis que blasfemaron el Nombre estaban blasfemando contra el Ángel de la Presencia que tiene el poder de perdonar o no perdonar. El Mesías Yeshúa es el que tiene el poder sobre las plagas, pero muchos hombres en Apocalipsis 16:9 se niegan a darle la gloria como lo hicieron los creyentes en Mateo: "Pero cuando las multitudes vieron esto, se asombraron y glorificaron a Dios, que había dado tanta autoridad a los hombres."[142] Con el fin de glorificar a Elohim, uno debe obedecer y dar honor al Ángel de Su Presencia, Yeshua. Rebelarse contra Yeshúa, la Palabra Viviente, es blasfemar contra Aquel que lo envió a juzgar el comportamiento humano de acuerdo con el Libro. Yeshúa fue tan cuidadoso en decir que no vino a abolir ni un pequeño trazo de la Torá, la semilla de la comprensión de sus Escrituras apocalípticas y las de sus apóstoles.

La porción de la Torá Pekudei significa "Contabilidad de." Pekudei es Éxodo 38:21-40:38. A lo largo del viaje por el desierto, Israel fue juzgado constantemente en cuanto a su aptitud para vivir en la nube viajera y ser parte de la adoración del Tabernáculo. El Padre Celestial asignó esa tarea al ángel en la nube, y los que vivían en la nube fueron contados en el viaje. Eran contados como parte de la nube o no: "Porque la nube del Señor estaba sobre el tabernáculo de día, y el fuego había en él de noche, a la vista de toda la casa de Israel durante todos sus viajes."[143]

142. Mateo 9:8

143. Éxodo 40:38

Hay eventos significativos en la porción Pekudei:

- Se establecen los registros contables del proyecto de construcción del Mishkán (Tabernáculo)
- el Mishkán es construido, erigido, ungido y consagrado para el servicio
- Los sacerdotes son ungidos para el servicio
- La gloria del Señor llena el Mishkán con la nube.

El enfoque de la porción de "Contabilidad" son las nubes de gloria y toda la construcción del Mishkán, que profetiza la obra del Mesías Yeshúa. En la tradición judía, la nube envolvió el campamento en su primera parada en Sucot después de salir de Egipto, y los israelitas continuaron viviendo en "nubes de gloria" durante el viaje. Esto se estableció previamente en Éxodo

> Y Jehová iba delante de ellos de día en una columna de nube para guiarlos por el camino, y de noche en una columna de fuego para alumbrarles, a fin de que anduviesen de día y de noche. Nunca se apartó de delante del pueblo la columna de nube de día, ni de noche la columna de fuego.[144]

La columna funcionaba como una nube que contenía agua durante el día y fuego durante la noche. La altura a la que normalmente se colocaba el pilar no está clara, pero siempre se podía ver y tenía que descender al nivel del suelo para hablar con Moisés. La porción Ki Tisa describe el descenso de la nube de manera similar a como se describió en la entrega de la Torá en el Sinaí:

> Y Jehová descendió en la nube, y estuvo allí con él, proclamando el nombre de Jehová. Y pasando

144. Éxodo 13:21-22

Jehová por delante de él, proclamó: ¡Jehová! ¡Jehová! fuerte, misericordioso y piadoso; tardo para la ira, y grande en misericordia y verdad... [145]

Entonces Moisés subió al monte, y una nube cubrió el monte. Y la gloria de Jehová reposó sobre el monte Sinaí, y la nube lo cubrió por seis días; y al séptimo día llamó a Moisés de en medio de la nube. Y la apariencia de la gloria de Jehová era como un fuego abrasador en la cumbre del monte, a los ojos de los hijos de Israel. [18] Y entró Moisés en medio de la nube, y subió al monte; y estuvo Moisés en el monte cuarenta días y cuarenta noches. [146]

En los dos pasajes de "descenso" anteriores, hay muchos de los símbolos y modismos judíos tradicionales de las fiestas de otoño: Rosh Hashaná, Yom HaKipurim y Sucot:

- Nubes
- Gloria
- Habitar en la Presencia
- Revestimiento
- Torá

En otras palabras, Sucot de Gloria. Al igual que el ejemplo del río Yarden que desciende, pero en al menos dos ocasiones anteriores de liberación y recompensa, ascendió, así Ki Tisa describe el descenso de la Presencia en una nube, sin embargo, significa "levantar" un rescate para que el alma sea considerada como parte de Israel. Con Yeshúa como redentor, un día las almas de los justos serán levantadas a su gloria.

Las semillas de las nubes de Ki Tisa, el Ángel de la

145. Éxodo 34:5-8

146. Éxodo 24:15-18

Presencia, el perdón, el juicio, el arrepentimiento y la elevación de Israel para morar en la Nube se han convertido en muchas tradiciones judías relacionadas con la Fiesta de las Trompetas, Yom HaKipurim y Sucot. Es hora de reemplazar palabras como "rapto" con otras bíblicas como nube, gloria, Presencia, morada... y "Cuando te elevas..." Incluso el medio siclo que representa la dependencia de Israel unos de otros para formar toda una nube de testigos es una profecía.

Los tres temas judíos tradicionales de Rosh Hashaná (y las fiestas de otoño) son:

- Realeza: trono/autoridad
- Recuerdo: arrepentimiento/juicio
- Shofar: grito/voz

El símbolo del trono es fuerte en relación con la Fiesta de Sucot. La raíz de sucá también está relacionada con la palabra sokek,[147] que es una estructura cubierta. Las alas de los querubines debían cubrir (sakak) el propiciatorio, o trono, en el tabernáculo[148] y el Templo.[149]

En 2 Reyes 16:18 se encuentra el pasaje donde se describe "el camino cubierto para el día de reposo," el cual fue removido por el malvado rey Acaz. Hay otra posible traducción de este versículo, que es que el Shabbat debe leerse como "trono": el rey Acaz quitó "el lugar cubierto del trono" después de que quitó los vasos preciosos de plata y oro del Templo, se los dio al rey de Asiria, y colocar otro altar, un altar pagano al lado del altar de Adonai.

Independientemente de cómo se traduzca el versículo, ya sea como el camino cubierto para el Shabbat o el lugar cubierto del trono, cualquiera que intente quitar la capa de nubes de Israel en Sucot está en una confederación con el Rey de Asiria, un tipo de anticristo en los Profetas. Un anticristo es aquel que está en contra del Mesías, la Palabra

147. Strongs H1492
148. Éxodo 37:9
149. 1 Cronicas 28:18

Viviente. Al eliminar la cobertura del Shabbat por parte de Israel, el anti-Mesías intenta subvertir el trono y el Reino del Mesías, nuestro descanso en el Mesías Yeshúa. La nube del Shabbat nos "viste" para nuestra morada con el Mesías Yeshúa.

La nube se quedó junto a Moisés mientras Adonai pasaba y le hablaba. La voz de Adonai vino de la nube. Moisés entró en la gloria de Adonai en una nube en el Séptimo Día, o simbólicamente, entró en el "reposo" de Su gloria.

> Cuando Moisés entraba en el tabernáculo, la columna de nube descendía y se ponía a la puerta del tabernáculo, y Jehová hablaba con Moisés. Y viendo todo el pueblo la columna de nube que estaba a la puerta del tabernáculo, se levantaba cada uno a la puerta de su tienda y adoraba.[150]

La nube reclamaba una posición de autoridad sentenciosa a la entrada de la Tienda de reunión. Aunque la nube estaba hablando con Moisés, cada familia se levantaba y adoraba a la entrada de su propia tienda, uniéndose simbólicamente con Moisés en el reconocimiento de los juicios y el testimonio que se hablaba. Cada persona testificaría de la autoridad del Ángel de la Presencia dentro del pequeño mishkán (tabernáculo) de su propio cuerpo.

> Entonces Moisés subió al monte, y una nube cubrió el monte. Y la gloria de Jehová reposó sobre el monte Sinaí, y la nube lo cubrió por seis días; y al séptimo día llamó a Moisés de en medio de la nube. Y la apariencia de la gloria de Jehová era como un fuego abrasador en la cumbre del monte, a los ojos de

150. Éxodo 33:9-10

los hijos de Israel. Y entró Moisés en medio de la nube, y subió al monte; y estuvo Moisés en el monte cuarenta días y cuarenta noches.[151]

Solo Moisés entró en la nube en la montaña, pero la ubicación de Israel estaba debajo de la nube.

La tradición judía reconoce el símbolo de la nube, el símbolo que impregna todas las fiestas de Israel, o sucot de gloria. El libro de oraciones judío para Rosh Hashaná es un Majzor, y vincula ampliamente las nubes de las fiestas con la recolección.[152] El israelita entró en las nubes en la Pascua en el Éxodo de Egipto; las nubes envolvieron a Israel en Shavuot para la entrega de la Torá; y las nubes los rodearon en el viaje por el desierto, culminando en la Fiesta de Sucot para cerrar "Sucot de gloria."[153] Pablo describe esta tradición:

> Porque no quiero, hermanos, que ignoréis que nuestros padres todos estuvieron bajo la nube, y todos pasaron el mar; y todos en Moisés fueron bautizados en la nube y en el mar[154]

Pablo relaciona el pasaje de la Pascua en el Mar de Juncos con la nube sobre el Sinaí en Shavuot. Israel estaba tanto "bajo" como "en" las aguas de la nube, y en Hechos 2, estaban envueltos en fuego, el otro aspecto del Cielo, los shamayim. Shamayim es agua y fuego del Espíritu Santo.

151. Éxodo 24:15-18

152. Zalman 2003. Pg. 189-190

153. Ibid Pg. 236-237

154. 1 Corintios 10:1-2

> Un repaso de las palabras de la semilla:
>
> El Señor mismo **desciende**.
> Los muertos **ascienden**.
> Los santos **suben** con ellos.
> **Juntos se encuentran** con el Señor en la nube.
> **Habitan** con el Señor para siempre.
> Estas palabras son **reconfortantes**.

Una de las palabras semilla citadas por Pablo a los tesalonicenses es "consolados." En el desierto, los israelitas pecaron con el becerro de oro y cayeron bajo juicio. Para tranquilizar a Moisés, Adonai desciende en la columna de nube y recita un Nombre que contiene sus atributos de misericordia hacia el pecador para consolarlo.

> Y Jehová descendió en la nube,
> y estuvo allí con él, proclamando
> el nombre de Jehová. Y pasando
> Jehová z delante de él, proclamó:
> ¡Jehová! ¡Jehová! fuerte,
> misericordioso y piadoso; tardo para
> la ira, y grande en misericordia y
> verdad...[155]

La nube acuosa y ardiente fue el punto focal para reunir a la comunidad, animando a la comunidad a moverse y consolar a la comunidad. Yeshúa, como la nube, también reúne y consuela:

> Y estando juntos, les mandó que
> no se fueran de Jerusalén, sino que
> esperasen la promesa del Padre, la
> cual, les dijo, oísteis de mí. Porque
> Juan ciertamente bautizó con agua,
> más vosotros seréis bautizados con el
> Espíritu Santo dentro de no muchos
> días.[156]

155. Éxodo 34:5-8
156. Hechos 1:4-5

El Espíritu Santo es el Consolador para aquellos que reunieron a Israel después de su triste fracaso en el Monte Sinaí. Habían recibido la Torá y la habían roto en 40 días. Fueron consolados con la seguridad de la misericordia en la nube. En un aniversario de la entrega original de la Torá en el Sinaí (Shavuot/ Pentecostés), Yeshua les dice a sus discípulos que se reúnan de nuevo para ser consolados y enseñados la Palabra:

> Mas el Consolador, el Espíritu Santo, a quien el Padre enviará en mi nombre, él os enseñará todas las cosas, y os recordará todo lo que yo os he dicho.[157]

> Cuando llegó el día de Pentecostés, estaban todos unánimes juntos.[158]

Este Consolador les permitiría aprender la Palabra y guardarla. Les permitiría reunir a más personas que solo a los descendientes directos de Abraham. Este recogimiento a larga distancia sería una señal del Reino, allanando el camino para el recogimiento en las nubes de gloria cuando Yeshúa regresara.

> Cuando se reunieron, le preguntaban, diciendo: "Señor, ¿es en este tiempo que restauras el reino a Israel?"[159] Él les dijo: «No os toca a vosotros conocer los tiempos o las épocas que el Padre ha fijado con su propia autoridad; pero recibiréis poder cuando el Espíritu Santo haya venido sobre vosotros; y seréis mis testigos en Jerusalén y en toda Judea y Samaria, y hasta lo más recóndito de la tierra." [160]

157. Juan 14:26

158. Hechos 2:1

159. El Reino, la autoridad real, el Trono Celestial y la corona son todos símbolos judíos tradicionales de las fiestas de otoño: Trompetas, Expiación y Tabernáculos.

160. Hechos 1:6-8

Esta reunión fue el primer paso hacia una dispersión mundial para preparar a los justos para una reunión mayor, una reunión en Sucot de Gloria. Después de que Yeshúa entregara este mensaje, asciende a la nube.

> Y después de haber dicho estas cosas, fue levantado mientras ellos miraban, y una nube lo recibió de delante de ellos.

Para que los discípulos entiendan que la nube de gloria del desierto era el modelo, dos ángeles les aseguran que así como la nube del desierto ascendía y descendía para guiar, consolar y reunir a todo Israel, así Yeshúa regresaría como siempre lo hizo:

> Y estando ellos con los ojos puestos en el cielo, entre tanto que él se iba, he aquí se pusieron junto a ellos dos varones con vestiduras blancas, los cuales también les dijeron: Varones galileos, ¿por qué estáis mirando al cielo? Este mismo Jesús, que ha sido tomado de vosotros al cielo, así vendrá como le habéis visto ir al cielo.[161]

Lea el texto cuidadosamente, y no dice que Yeshúa se hizo más y más pequeño hasta que desapareció en el espacio. Simplemente se levantó y una nube lo recibió. La nube no está tan lejos.

Yeshua enseñó a sus discípulos a sumergir a los nuevos creyentes en el Nombre. El Nombre del Padre, el Hijo y el Espíritu Santo son el mismo, porque el Nombre está en el Hijo:

> Pero los once discípulos se fueron a Galilea, al monte donde Jesús les había ordenado. Y cuando le vieron, le adoraron; pero algunos dudaban. Y Jesús se acercó y les

161. Hechos 1:7-11

habló diciendo: Toda potestad me es dada en el cielo y en la tierra. Por tanto, id, y haced discípulos a todas las naciones, bautizándolos en el nombre del Padre, y del Hijo, y del Espíritu Santo; enseñándoles que guarden todas las cosas que os he mandado; y he aquí yo estoy con vosotros todos los días, hasta el fin del mundo.[162]

En 1 Tesalonicenses 4:16-18, Pablo también escribe acerca de una inmersión en la nube que hace que los creyentes asciendan en lugar de descender a la nube acuosa:

> Porque el Señor mismo con voz de mando, con voz de arcángel, y con trompeta de Dios, descenderá del cielo; y los muertos en Cristo resucitarán primero. Luego nosotros los que vivimos, los que hayamos quedado, seremos arrebatados juntamente con ellos en las nubes para recibir al Señor en el aire, y así estaremos siempre con el Señor. Por tanto, alentaos los unos a los otros con estas palabras.

En esta explicación, el Señor mismo desciende del cielo con un grito, pero los santos son arrebatados. ¿A dónde van? ¿Dónde está "arriba"? Con un poco de investigación en la palabra griega para "aire", no parece que el aire al que se reúnen los santos esté tan alto. De hecho, a partir de la definición, se podría inferir que es posible respirar normalmente:

> Strong's #109 aer de aemi (respirar inconscientemente, es decir, respirar; por analogía, soplar)
>
> Definición: el aire, particularmente el

162. Hechos 1:4-11

aire más bajo y denso, a diferencia del aire más alto y más raro

La frase que se traduce al español como "arrebatado" probablemente se traduce para que coincida con la idea de "aire" como el lugar de reunión, pero la palabra griega simplemente significa apoderarse o arrebatar, no levantarse. Tal vez las nubes estén un poco más cerca del suelo en esta futura Fiesta de las Trompetas de lo que implica la traducción al español.

La explicación de Pablo de la nube como una mikve (bautismo) describe una inmersión tanto en el fuego como en el agua. Israel recibió la Torá bajo la nube sobre la montaña ardiente en Shavuot, y simbólicamente fueron sumergidos en agua y fuego. Los discípulos de Yeshúa también fueron sumergidos en el fuego de Shavuot, y los nuevos discípulos fueron sumergidos inmediatamente en el agua.

Moisés es una metáfora de la Torá, así como La Casa es una metáfora del Templo o El Cielo es un eufemismo y metáfora de Adonai. Tanto la nube ardiente como el mar contienen agua mikve, por lo que cuando mikve, o nos sumergimos en el Mesías, establecemos la Torá y el Mesías Yeshua como la nube de la Presencia de Adonai; ahora Él mora, o shokhen, en nosotros en Shavuot. Es la inmersión en la Palabra de Dios y el Testimonio de Yeshua como esa Palabra.

50, 000 GRADOS

Un poco de la tradición judía da una pista muy específica sobre el lugar del regreso de Yeshúa por distancia de Jerusalén. El regreso de Yeshúa es solo a un día de reposo de viaje desde Jerusalén. El viaje[163] de un día de reposo es una distancia de 2,000 codos, o menos de media milla, la distancia a la que, según la tradición judía, estaba permitido viajar en el día de reposo sin violar la ley.[164] La aplicación judía moderna es que el rango máximo de caminata desde la ciudad de uno es de 2,000 codos (0.596 millas).

Sin embargo, esta medida comienza a 70 2/3 codos de los límites de la ciudad. En términos prácticos, esto significa que no puede caminar en línea recta más de .598 millas en cualquier dirección en el área despoblada fuera de los límites de su ciudad. La solicitud, o halajá, considera que todas las viviendas contiguas son parte de la misma ciudad. Se permitiría caminar cientos de millas de ciudad en ciudad si todo el camino estuviera poblado. El Monte de los Olivos se encuentra dentro de este límite.

> Porque como el relámpago que sale del oriente y se muestra hasta el occidente, así será también la venida del Hijo del Hombre. Porque

163. Hechos 1:12; Éxodo 16:29; Números 35:5; Juan 3:4

164. Diccionario bíblico Eastman, 1897

dondequiera que estuviere el cuerpo muerto, allí se juntarán las águilas. E inmediatamente después de la tribulación de aquellos días, el sol se oscurecerá, y la luna no dará su resplandor, y las estrellas caerán del cielo, y las potencias de los cielos serán conmovidas. Entonces aparecerá la señal del Hijo del Hombre en el cielo; y entonces lamentarán todas las tribus de la tierra, y verán al Hijo del Hombre viniendo sobre las nubes del cielo, con poder y gran gloria. Y enviará sus ángeles con gran voz de trompeta[165], y juntarán a sus escogidos, de los cuatro vientos, desde un extremo del cielo hasta el otro.[166]

Miré, y he aquí una nube blanca; y sobre la nube uno sentado semejante al Hijo del Hombre, que tenía en la cabeza una corona de oro, y en la mano una hoz aguda. Y del templo salió otro ángel, clamando a gran voz al que estaba sentado sobre la nube: Mete tu hoz, y siega; porque la hora de segar ha llegado, pues la mies de la tierra está madura. Y el que estaba sentado sobre la nube metió su hoz en la tierra, y la tierra fue segada.[167]

165. Yom Kipur
166. Mateo 24:27-31
167. Apocalipsisi 14:14-16

Si los dos testigos de Apocalipsis corresponden a los dos testigos que hablaron con Yeshúa en la transfiguración, Moisés y Elías, entonces ellos también regresarán a la tierra antes de ser asesinados, resucitados y una vez más arrebatados en la nube. La nube también recibe a los dos testigos resucitados:

Y oyeron una gran voz del cielo, que les decía: Subid acá. Y subieron al cielo en una nube; y sus enemigos los vieron. En aquella hora hubo un gran terremoto, y la décima parte de la ciudad se derrumbó, y por el terremoto murieron en número de siete mil hombres; y los demás se aterrorizaron, y dieron gloria al Dios del cielo.[168]

El papel de los dos testigos es señalar al Ángel de la Presencia en quien está el Nombre más sagrado de Adonai. Negarse a obedecerle es blasfemia. Aquellos que no quieren reconocer a Yeshúa como el Ángel de la Presencia en la nube se alegrarán cuando estos dos testigos parezcan haber sido asesinados. Las tribus de la tierra no quieren reconocer a Yeshúa como el Mesías por muchas razones; del mismo modo, las tribus de la tierra no quieren reconocer que Elías y Moisés hablaron en armonía con Yeshúa; De hecho, sus palabras proféticas eran suyas, porque él era la profecía.

Al igual que con la columna de nube en el desierto, la nube que llama a los testigos resucitados se cierne sobre la tierra, no al nivel del suelo. ¡Esta nube de fuego y agua es un poco difícil de precisar! Asciende, desciende, se mueve, habla y se transforma en su protección y juicio.

En Ki Tisa, aquellos que carecían de la cualidad del arrepentimiento eran aquellos que "no se arrepintieron para darle gloria."[169] La diferencia entre los afligidos por las plagas y los que se salvaron del gran terremoto de Jerusalén fue que los que se salvaron sí dieron "gloria al Dios del cielo." Cuando Yeshúa envía a sus ángeles con la gran trompeta de Yom HaKipurim para reunir a sus elegidos, el texto de Mateo dice que él regresa con poder y "gran gloria." O esta es la gloria del Santo Viviente de Israel, o no lo es.

168. Apocalipsis 11:12-13

169. Apocalipsis 16:7-9

Si no es así, entonces podríamos esperar que este impostor o usurpador sufra las mismas plagas y juicios que aquellos que se negaron a dar gloria a Dios. La única conclusión es que el Hijo del Hombre que viene en las nubes ES la gloria manifiesta de Dios, y no es un impostor o rebelde, sino el Ángel de la Presencia. Los que lo reconozcan como la gloria de Dios serán perdonados; aquellos que no se arrepienten y obedecen al Ángel de la Presencia para dar gloria a Dios no lo harán.

La nube suele ir acompañada de truenos y relámpagos o shofares, que representan la Palabra hablada o la voz de Adonai.

> Dijo: Jehová vino de Sinaí, y de Seir les esclareció; resplandeció desde el monte de Parán, y vino de entre diez millares de santos, con la ley de fuego a su mano derecha. Aun amó a su pueblo; Todos los consagrados a él estaban en su mano; por tanto, ellos siguieron en tus pasos, recibiendo dirección de ti,[170]

Desarrollando la Mano Derecha como un símbolo de Yeshúa también, el relámpago en la mano derecha contenía las palabras de Adonai a un pueblo santo en la persona de Yeshúa. Aquellos que reciben la Palabra se arrepienten, y en Yom HaKippurim, son reunidos en la mano de protección en la nube, porque se han alimentado del maná vivo y ardiente de la Torá en esa mano. Se han alimentado del Maná Viviente que ES la mano. De hecho, la RVR1960 lo expresa así: "De su diestra salió una ley ardiente para ellos." El que es la Mano Derecha del Padre tiene a los santos en su mano porque su mano es la mano del Padre. ¡Son uno y lo mismo! Los fieles son colocados en la mano de Yeshúa para escuchar la voz de la Palabra:

> Mis ovejas oyen mi voz, y yo las

170. Deuteronomio 33 2:3

conozco, y me siguen, y yo les doy vida eterna; y no perecerán jamás, ni nadie las arrebatará de mi mano. Mi Padre que me las dio, es mayor que todos, y nadie las puede arrebatar de la mano de mi Padre. Yo y el Padre uno somos.[171]

¿Alguna vez intentaste arrebatar M&M de la mano de otra persona como un juego cuando eras joven? Si eras lo suficientemente rápido como para arrebatar los M&M, eran tuyos. Si el movimiento de Yeshúa es tan rápido como un rayo, entonces sus santos no tienen nada que temer. No hay enemigo, vivo o muerto, que sea lo suficientemente rápido como para arrebatar las ovejas de Yeshúa o un M&M de su mano.

Relámpago Blanco

¿Cómo es la apariencia del Yeshúa glorificado? Puede tomar muchas formas, pero para Daniel, él se presenta como un relámpago:

> Y alcé mis ojos y miré, y he aquí un varón vestido de lino, y ceñidos sus lomos de oro de Ufaz. Su cuerpo era como de berilo, y su rostro parecía un relámpago, y sus ojos como antorchas de fuego, y sus brazos y sus pies como de color de bronce bruñido, y el sonido de sus palabras como el estruendo de una multitud.[172]

Las palabras de Yeshúa suenan como un tumulto o un rugido. Este tumulto se remonta a la Creación:

> Él es el que hizo la tierra con su poder, el que afirmó el mundo con su sabiduría, y extendió los cielos con su inteligencia. A su voz se

171. Juan 10:27-30

172. Daniel 10:5-6

> producen tumultos de aguas en los cielos, y hace subir las nubes de lo último de la tierra; él hace relámpagos con la lluvia, y saca el viento de sus depósitos.[173]

La voz de Dios, y por lo tanto la voz de Yeshúa, a menudo se equipara con el sonido de un trueno, pero también es descrita por Jeremías como un tumulto de aguas que hace que se formen nubes acompañadas de relámpagos. Yeshua es la voz de Dios, y su voz es como la voz de muchas aguas. Job describe la voz de Adonai con un trueno que la acompaña:

> Por eso también se estremece mi corazón, y salta de su lugar. Oíd atentamente el estrépito de su voz, y el sonido que sale de su boca. Debajo de todos los cielos lo dirige, y su luz hasta los fines de la tierra. Después de ella brama el sonido, truena él con voz majestuosa; y aunque sea oída su voz, no los detiene. Truena Dios maravillosamente con su voz; el hace grandes cosas, que nosotros no entendemos.[174]

El relámpago acompaña la voz de Adonai, lo cual es correcto considerando que el cuerpo glorificado de Yeshúa es como un rayo.

Un solo "relámpago" está formado por una serie de "rayos" o golpes. Por lo general, hay alrededor de cuatro golpes por destello. El número 4 está representado en hebreo por la letra d dalet. Es dalet, la puerta, que alude a Yeshúa como la apertura y autoridad a través de la cual la Tierra se conecta con los Cielos: "Entonces Jesús les dijo otra vez: En verdad, en verdad os digo, que yo soy la puerta de las ovejas... Yo soy la puerta; si alguno entra por mí,

173. Jeremías 51:15-16
174. Job 37:1-5

se salvará, y entrará y saldrá y hallará pastos."[175] ¡La puerta física del rayo conecta los cielos con la tierra en una trayectoria tan rápida que puede calentarse a 50,000 grados F.!

Los relámpagos son atraídos por objetos altos y "orgullosos" de la tierra. Los lugares altos deben evitarse durante una tormenta eléctrica. Los expertos recomiendan postrarse en el suelo si sientes que tu cabello se vuelve espinoso. Tampoco es una mala idea si escuchas la voz de Yeshúa.

Descargas Electicas Rojas (Sprite)

Las piedras engarzadas en el pectoral del Sumo Sacerdote de la porción de la Torá Pekudei son significativas. ¡Incluso se dice que las piedras preciosas en el pectoral del juicio de Aarón fueron llevadas al desierto por una nube junto con el maná![176]

Los descargas rojas o sprite que aparecen sobre una tormenta eléctrica pueden tener una conexión con esas piedras. Un sprite significa un espíritu. Las descargas rojas son destellos luminosos masivos que aparecen directamente sobre una tormenta eléctrica activa. Ocurren al mismo tiempo que los rayos de nube a tierra o dentro de la nube. La estructura de un sprite puede ser pequeña, simple o múltiple, puntos alargados verticalmente. Los sprites suelen ser rojos y suelen aparecer en pares de dos o más.

¿Qué tienen que ver las descargas rojas en una tormenta eléctrica con el trono del Cielo que truena y relámpago la Palabra de Adonai? Esto es lo que Juan describe una vez que fue transportado a través de la puerta que se abría en el Cielo:

> Y al instante yo estaba en el Espíritu; y he aquí, un trono establecido en el cielo, y en el trono, uno sentado. Y el

175. Juan 10:7,9

176. Biderman 2011. Pg. 262

aspecto del que estaba sentado era semejante a piedra de jaspe y de cornalina[177]

Jaspe en hebreo es yashpheh, que significa "resplandeciente." El jaspe es la última de las gemas en el pectoral del sumo sacerdote. Es la primera de las fundaciones de la Nueva Jerusalén. El jaspe suele ser de un tono de color rojo. Puede ser muy pulido y se utiliza para sellos. Cuando los colores están en rayas o bandas, se llama jaspe rayado o con bandas. Esto es similar a las bandas verticales en las descargas rojas.

La segunda piedra que describe a Aquel en el trono es la cornalina, una piedra de color rojo o marrón rojizo. La palabra se deriva de la palabra latina que significa carne, en referencia al color de la carne que a veces se exhibe. Si las descargas Rojas ocurren en pares, ¿podrían reflejar la apariencia de Aquel en el trono cuya apariencia es tanto en el brillo del espíritu como en la carne?

Rayos Azules

Los rayos azules son un segundo conjunto de fenómenos que aparecen por encima de las tormentas eléctricas. Estos son conos estrechos que son expulsados de las regiones centrales eléctricamente activas de una tormenta eléctrica. Según el Merriam-Webster, un rayo puede ser "una estrecha corriente de material que emana o parece emanar de un objeto celeste." ¿De qué objeto celeste podrían dar testimonio los rayos azules?

Y subieron Moisés y Aarón, Nadab y Abiú, y setenta de los ancianos de Israel; y vieron al Dios de Israel; y había debajo de sus pies como un embaldosado de zafiro, semejante al cielo cuando está sereno.[178]

Estos colores de tormenta corresponden al rojo del

177. Apocalipsis 4:2-3
178. Éxodo 24:9-10

jaspe y la cornalina, la apariencia de Aquel que se sienta en el trono; los rayos azules son el color del pavimento de zafiro bajo sus pies. Después del jaspe, el zafiro es la segunda piedra fundamental de la Nueva Jerusalén. La tierra declara la gloria de los Cielos. Los santos de Yeshúa declaran y dan gloria a Elohim, y obedecen al Ángel de Su Presencia en los Templos de sus cuerpos en la tierra. Aquellos que se reunirán en la Nueva Jerusalén encontrarán 50,000 grados y nublado para ser bastante cómodos, gracias.

10

LA SOMBRA ROJA

Este capítulo apareció originalmente en el libro de BEKY Verdad, Tradición o Cizaña: Creciendo en la Palabra. Se incluye en este folleto como un capítulo adicional por el bien del contexto y la continuidad, y el material adicional aumenta el tema de Nubes de Gloria.

La Torá contiene las palabras Simientes de las cuales crecen el resto del Antiguo Testamento (TANAKH) y el Nuevo Testamento. Esos libros de las Escrituras entre Josué y Apocalipsis documentan tradiciones cultivadas a partir de la Torá. De hecho, incluso la Torá siembra la idea de que las costumbres crecerán a partir de la Torá misma:

> Por esto no comen los hijos de Israel, hasta hoy día, del tendón que se contrajo, el cual está en el encaje del muslo; porque tocó a Jacob este sitio de su muslo en el tendón que se contrajo.[179]

Esta antigua batalla entre Esaú y Jacob es un patrón de Simiente que demuestra tanto la lucha de la humanidad como la práctica de las tradiciones para preservar la memoria de un evento de Simiente en la Torá.

179. Génesis 32:32

180. El apodo de Esaú en las Escrituras es Edom, el Rojo, de adom, que significa rojo en hebreo.

181. Caph en hebreo denota cosas con una estructura similar a una copa, como la palma de la mano, la planta del pie o la cavidad del muslo. El pañuelo masculino judío se llama kipá, porque su estructura en forma de copa se asemeja a la copa de una mano sobre la cabeza para ordenar, bendecir o consagrar. Capfar significa expiación, de donde proviene la palabra para el tiempo señalado de Yom Kippur, el Día de la Expiación. Levítico 14:18 es un buen ejemplo de los temas superpuestos de caph y capfar.

182. Jacob en hebreo es Yaakov, comúnmente traducido como "suplantador", pero la raíz ekev se refiere al talón o lo que viene después.

Las áreas sensibles tanto del pie como de la mano son simbólicas en las Escrituras. El pie, concretamente el talón, representa el alma. En hebreo, el alma es el nefesh. La definición más corta del alma es un conjunto de apetitos, emociones, deseos e intelecto. El talón se vuelve muy duro y calloso, pero la suela (hebreo: kaph) permanece muy sensible. Cuando Jacob nace, se aferra al talón rojo y peludo de Esaú, señalando el lugar de la vulnerabilidad de Esaú, sus apetitos. El talón es el punto de vulnerabilidad a la "descendencia" de Eva, pero el punto de vulnerabilidad a la serpiente-bestia es la cabeza, el símbolo del espíritu.

En su apetito por la "materia roja" y las mujeres cananeas, Esaú es a la vez un depredador endurecido y una presa vulnerable, como una bestia. Él caza y lo que agrada a su alma, y así es exactamente como Jacob engaña a su padre Isaac para quitarle la bendición de Esaú y negocia con Esaú por su primogenitura en Génesis 25. Los apetitos de su alma fueron los que hicieron de Esaú la presa, porque todo lo que se necesita para cebar a un Rojo como Esaú es la comida, la caza (competencia), el placer sexual, el placer emocional o el logro intelectual. Ser gobernado por estos deseos en lugar de dominarlos con el Espíritu son las vulnerabilidades de la bestia.

Esaú[180] representa la materia roja, un alma alborotadora en busca de placer y logros. Cuando Jacob regresa a la Tierra para enfrentarse a Esaú, lucha una noche con un "hombre," a quien declara que tiene el rostro de Dios, y Jacob nombra el lugar del combate de lucha libre Peniel. Esta lucha resultó en que Jacob fuera herido en la cavidad del muslo, la capfa.[181]

Antes de que Jacob pudiera enfrentarse a su gemelo Esaú, tuvo que luchar contra el Esaú que llevaba dentro. Jacob[182] era conocido por confiar en su propio talón, que en el caso de Jacob, era el intelecto endurecido de su alma, para obtener el resultado que quería. Jacob también necesitaba que su espíritu prevaleciera sobre su alma roja para conquistar al Rojo que llevaba dentro, porque esta es una competencia que vale la pena ganar. Cambió el caminar de Jacob al hacerlo, como lo hará el caminar de cualquier discípulo cuando practica caminar según el Espíritu en lugar de su alma. Cuando un discípulo camina en el Espíritu, lo hace con la sensibilidad de la planta de su pie al Espíritu, no con la vulnerabilidad a sus deseos rojos.[183]

En Apocalipsis Tres, la quinta iglesia es Sardis. Literalmente significa "Rojos." En la tradición rabínica, Esaú (Edom) es el Rojo, porque nació rojo y peludo como una bestia, y el apodo bíblico de Esaú, Edom, proviene de adom, o el color rojo. Los sardos son señalados como conformes a la imagen de la bestia peluda Esaú, un hombre controlado por sus apetitos. La Simiente de la Torá insinúa el principio de la bestia primogénita, porque en el Día Seis de la Creación, la bestia fue creada primero, sin embargo, el hombre segundo fue creado para gobernar sobre las bestias, porque el hombre fue hecho a la imagen de Elohim, quien es Espíritu.

Cuando entra en la tienda de su padre, sin saber que Jacob ya ha engañado su camino hacia la bendición, Esaú le dice a su padre: "Yo soy tu primogénito, Esaú." Debido a que su padre Isaac ha sido engañado a través de su propia alma roja, su vulnerable apetito por la caza salvaje, el Esaú Rojo da en el blanco. Isaac comenzó su caminar con el Dios de su padre Abraham sembrando semilla en el campo y cosechando cien veces más, sin embargo, en un momento crítico de dar la bendición al primogénito, Isaac es vulnerable a los apetitos de un hombre que caza en el campo en lugar de sembrar semilla en él. Estos son vínculos críticos entre la serpiente, la bestia más astuta del campo (Génesis 3:1) y el hombre del campo, Esaú (Génesis 25:27).

183. Para un estudio exhaustivo del espíritu, el alma, el cuerpo y los símbolos de Esaú y Jacob, véase el Libro de Ejercicios Cuatro del Evangelio de la Creación: La Ramera Escarlata y el Hilo Carmesí.

Cada una de las siete iglesias en el Libro de Apocalipsis corresponde a un moed, o día de fiesta, enumerado en la Torá.[184] La iglesia de Sardis es el ejemplo más fácil de los siete, ya que varias frases, modismos y tradiciones relativas a Rosh Hashaná, la Fiesta de las Trompetas, establecen que el mensaje de Yeshúa a Sardis es casi palabra por palabra una colección de la tradición judía sobre la fiesta. ¿Fueron todas esas tradiciones judías recogidas de las escasas Semillas de la Torá?

Si bien puede haber algunas tradiciones judías de origen incierto, las Escrituras sostienen las tradiciones de Rosh Hashaná en Apocalipsis, por lo que podemos estar seguros de que se cultivan a partir de buena semilla, y si los Rojos están dispuestos a arrepentirse de sus malas motivaciones, entonces el fruto crecerá de buena tierra, un corazón limpio, un buen fruto de una buena semilla.

Rosh Hashaná inicia la temporada de otoño de fiestas en la Torá. Examina cada declaración de Apocalipsis 3:1-6 dirigida a los Rojos a continuación, y una Semilla de sombra de la Torá explica de dónde pudo haber crecido la tradición judía.

184. Vea el Libro de Trabajo Uno del Evangelio de la Creación: El Fundamento de la Creación para una explicación completa de las Siete Iglesias de Apocalipsis como las Siete Fiestas de Adonai enumeradas en la Torá. Para una referencia fácil, consulte el Apéndice A.

185. Génesis 1 14

Escribe al ángel de la iglesia en Sardis: El que tiene los siete espíritus de Dios, y las siete estrellas, dice esto: Yo conozco tus obras, que tienes nombre de que vives, y estás muerto.

Semilla de la Torá: Una porción tradicional judía de la Torá comienza en Números 8:1 con la menorá de siete brazos, que representa a los Siete Espíritus de Dios y las siete iglesias. La mitad de los siete días de la Creación es el cuarto, el día en que las estrellas fueron colocadas para dar testimonio a los moedim[185] (fiestas).

 Tradición judía: Las acciones se examinan cada año desde Rosh Hashaná hasta Yom HaKipur. En sentido figurado, el muerto resucita de las obras del año pasado para navegar por el camino que el Padre ha decretado para él en el próximo año. Al escuchar el sonido del shofar[186]/trompeta en Rosh Hashaná, el arrepentido muere (duerme) y resucita "en un abrir y cerrar de ojo." Esto es exactamente lo que Pablo enseña a sus conversos gentiles:

> He aquí, os digo un misterio: No todos dormiremos; pero todos seremos transformados, en un momento, en un abrir y cerrar de ojos, a la final trompeta; porque se tocará la trompeta, y los muertos serán resucitados incorruptibles, y nosotros seremos transformados.[187]

La "última trompeta" es la trompeta de Rosh Hashaná, y la "gran trompeta" se toca diez días después en Yom Kippur.

La columna de nube se levantó para viajar por el desierto, guiando a los israelitas por el camino predeterminado. El patrón de resurrección es un tema incrustado en la tradición judía de Rosh Hashaná de la mayor resurrección de los muertos. Significativamente, a los sardos se les dice: "Despierta y fortalece las cosas que quedan, que estaban a punto de morir; porque no he hallado cumplidas vuestras obras delante de mi Dios." La tradición judía conecta las acciones del pasado y los años venideros con el arrepentimiento, la muerte y la resurrección:

> Una práctica ashkenazí muy extendida es que los hombres usen un manto blanco llamado kittel en Yom Kippur. El Sefer Ra'avyah (no. 528) explica que en Yom Kipur, nos

186. el cuerno de carnero tocado como una trompeta

187. 1 Corintios 15:51–52

188. Angel, 2000, pg. 43

189. Puedes escuchar la raíz de alah, para "subir" (Strong's #5927) en el título de la porción de la Torá Behaalotkha (Números 8:1-12:16); Significa ascender, trepar o brotar como la vegetación. La menorá fue elaborada con flores de almendro, lo que demuestra el poder de resurrección del Ruaj (Espíritu Santo).

190. 1 Juan 1:9

191. Maimonides un respetado erudito judío

192. Un quiasmo ocurre cuando dos lados se convierten en un espejo del otro. Si la menorá se doblaba por la mitad, entonces el tercer y quinto día se tocarían; Dado que ambos emergen de la misma ubicación de "brote" en el tronco central de la menorá, comparten el mismo tema, la resurrección.

parecemos a los ángeles. Llevando un kittel refleja nuestra pureza espiritual y un estado elevado. Remá (Shulján Aruj, Orá Hayyim 610:4), por otro lado, afirma que el kittel se asemeja a una sábana. La imagen de la muerte debe sacudirnos al arrepentimiento.[188]

Semilla de la Torá: El acto de mecer la ofrenda en Números Ocho es una "elevación"[189] que ensombrece la resurrección de algo viejo a algo nuevo. Los levitas incluso se afeitaban todo el vello corporal antes de su elevación, volviendo simbólicamente a un estado de recién nacido y sumergiéndose en el agua como un útero por su dedicación al servicio en la Casa.

Tradición judía: La finalización del circuito de cada año es el momento de examinarse a sí mismo para ver si tiene éxito o fracaso en la navegación por el camino prescrito. A medida que la persona ha envejecido a lo largo del año, muere y resucita en Rosh Hashaná. El bien sigue vivo, pero las transgresiones del Rojo deben morir a medida que el creyente confiesa sus pecados.[190] Un dicho común en Rosh Hashaná es: "Despierta, durmiente, levántate de entre los muertos". En las palabras del Rambam,[191] el shofar llama: "Despertad vosotros, los durmientes, de vuestro sueño (espiritual). Busca tus caminos y regresa a Hashem [Dios] en Teshuvá [arrepentimiento]"

Esta tradición de resurrección de la Quinta Fiesta, la Fiesta de las Trompetas/Rosh Hashaná, es quiástica[192] a la Tercera Fiesta, las Primicias de la Cebada, y las Primicias también es un día de resurrección, coincidiendo con el día en que Yeshúa y los santos justos de la antigüedad resucitaron de entre los muertos.[193] Decirle a los Rojos de la Quinta

Iglesia que "fortalezcan las cosas que quedan" es una alusión al Quinto Espíritu de Adonai, Gvurah, o Fuerza.

En el Quinto Día de la Creación, Elohim crea los pájaros y los peces. En la sombra profética de la porción de la Torá, los canallas rechazan el maná y anhelan pescado gratis como lo tenían en Egipto, y Adonai les da pájaros para comer hasta que salen de sus narices. Moisés se muestra escéptico y pregunta si se hubieran recogido todos los peces del mar, ¿sería suficiente? Los israelitas se quejaban del maná que "seca" sus almas, pero el quiásmo compañero de resurrección de Sardis es Pérgamo, al que se le promete el "maná escondido"[194] si vencen sus almas secas con lo que el Espíritu dice. Si los apetitos de la carne y del alma de Israel pudieran ser gobernados por apetitos espirituales, entonces la resurrección podría ocurrir como enseñaba el Pan de Vida.

Números 11:7-9 da pistas contextuales relacionadas con la amonestación de Yeshúa a sus discípulos en Mateo 24:40-41 con respecto a los "tomados" y los "dejados" Yeshúa dice:

> Entonces habrá dos hombres en el campo; el uno[195] será tomado y otro será dejado.

> Dos mujeres estarán moliendo en un molina; la una será tomada y otra será dejada.

La primera mención de "moler" (con un molino) se encuentra en Éxodo[196] cuando Moisés molió hasta convertirlo en polvo el Becerro de Oro. La segunda mención, sin embargo, en Números 11 tiene una pista sutil tanto de la Primera Mención como de un texto anterior que describe el Edén:

> Y era el maná como semilla de

193. Mateo 27:53

194. Yeshua se identifica a sí mismo como el Pan del Cielo, identificándose tanto como el maná escondido con los mandamientos en el Arca de la Alianza y el Verbo escondido con el Padre hasta que fue enviado a alimentar a Israel.

195. En la NASB, la traducción es "se tomará", pero la anotación es que el texto literal dice "es" en ambos ejemplos.

196. Éxodo 32:20

culantro, y su color como color de bedelio. El pueblo se esparcía y lo recogía, y lo molía en molinos o lo majaba en morteros, y lo cocía en caldera o hacía de él tortas; su sabor era como sabor de aceite nuevo. Y cuando descendía el rocío sobre el campamento de noche, el maná descendía sobre él.

En los primeros versículos del Cantar de los Cantares de Moisés, un cántico que todavía cantan los santos en el Apocalipsis, el enviado Moisés compara la Palabra de Dios con el rocío sobre la hierba sedienta:

> oiga la tierra los dichos de mi boca. Goteará como la lluvia mi enseñanza[197]; destilará como el rocío mi razonamiento; como la llovizna sobre la grama, y como las gotas sobre la hierba;[198]

La hierba verde sedienta absorbe el rocío tal como los que habitan los cielos y la tierra deben absorber las enseñanzas de Adonai a medida que se destila en alimento como el maná. Este maná, sin embargo, no puede ser absorbido meramente como sustento físico; debe ser absorbido y digerido como el Pan del Cielo, un alimento espiritual para el espíritu del hombre.

La apariencia del maná era como el bedelio, una piedra preciosa que actuaba como un prisma para la luz, así como el rocío actúa como un prisma para el sol de la mañana, refractando la luz de la enseñanza del Cielo desde el Trono que está rodeado por el arcoiris de los Siete Espíritus de Adonai en los siete colores del arcoiris que se ven en la Tierra. Las mujeres molen el maná para el consumo, pero el desafío planteado por Yeshúa es si cada "mujer" que muele la Palabra lo ve como un mero pan físico que no satisface, o si muele

---

197. La palabra hebrea para "enseñar" (Strong's #3948) es likach, un derivado de lakach, la palabra hebrea para "tomado". Lakach (Strong's #3947) se usa en el sentido de tomar una esposa o adquirir algo para una relación. Likach significa aprendizaje, enseñanza: instrucción(1), aprendizaje(2), persuasión(1), persuasión(2), enseñanza(3).

198. Deuteronomio 32:1-2

alegremente el alimento vivo del Cielo. Las mujeres justas en las Escrituras a menudo simbolizan el Espíritu Santo[199], y esta mujer "muele" el pan espiritual con un corazón alegre y que escucha. El maná tenía la apariencia de bedelio, las piedras preciosas que se encuentran en un lugar del Edén llamado Havila donde hay "Buen Oro." La comprensión rabínica de la estructura gramatical del Buen Oro en hebreo es que no es una descripción de los recursos metálicos en el Edén, sino de un nombre propio: Buen Oro.

¿Quién es este Buen Oro que vive en la tierra de Havila en el Edén? Tal vez sean aquellos que están empoderados por el Espíritu Santo en el Mundo Venidero, un pueblo que se deleita con el precioso bedelio, el maná del Cielo. Yeshua es el Maná del Cielo que revela el precioso Espíritu Santo del Padre con su palabra, y alimenta a aquellos que reciben alegremente su enseñanza, que es como «toma» a su Novia en una relación íntima. La humedad del agua purificadora es inherente a la nube en el desierto, y ser tomado en la nube es entrar en una relación santa e íntima con Yeshúa, la Palabra del Padre.

Las mujeres malvadas son parábolas en las Escrituras que apelan solo a la lujuria del hombre por la satisfacción física, emocional e intelectual, y cuando muelen la Palabra, no hay regeneración del Espíritu, lo que lleva a más antojos por la carne de las "ollas de carne," pescado, pepinos y puerros de Egipto. Judas advierte contra adoptar esta actitud hacia los mandamientos de Moisés:

> Estos son manchas en vuestros ágapes, que comiendo impúdicamente con vosotros se apacientan a sí mismos; nubes sin agua, llevadas de acá para allá por los vientos; árboles otoñales, sin fruto, dos veces muertos y

199. Para un estudio completo sobre las matriarcas de las Escrituras que funcionan como parábolas del Espíritu Santo, vea el Libro de Trabajo Cuatro del Evangelio de la Creación: La Ramera Escarlata y el Hilo Carmesí del autor.

desarraigados; fieras ondas del mar,
que espuman su propia vergüenza;
estrellas errantes, para las cuales
está reservada eternamente
la oscuridad de las tinieblas.
(Judas1:12-13)

Aquellos que muelen como esta parábola de mujer pueden incluso obedecer los mandamientos, triturando el entendimiento de la Palabra, sin embargo, debido a que no se abraza con el poder del Espíritu Santo, se pierde el gran mensaje del mandamiento, que es el amor hacia el prójimo además del Santo. El mandamiento es la misericordia, justicia y la fidelidad al Espíritu de la Torá. Estos hombres asisten a las celebraciones de Pésaj, Shavuot y Sucot solo por el bien de sí mismos. Tal vez quieran dictar la forma "correcta" de llevar a cabo los servicios; tal vez quieran que los demás se fijen en ellos; Tal vez simplemente quieren cumplir el mandamiento para estar "seguros." Reducen el Pan Celestial a la lujuria por la aprobación y la justicia propia, los buenos sentimientos y seguridad.

Judas los describe:

> Pero estos blasfeman de cuantas cosas no conocen; y en las que por naturaleza conocen, se corrompen como animales irracionales. ¡Ay de ellos! porque han seguido el camino de Caín, y se lanzaron por lucro en el error de Balaam, y perecieron en la contradicción de Coré. (Judas1:10-11)

200. Véase el Libro de Ejercicios Cinco del Evangelio de la Creación, tomo 1, Porción de la Torá Miketz, para una explicación de cómo Caín y Abel trajeron las primicias al Fin de los Días.

Judas cita tres ejemplos, Caín, Balaam y Coré, o "el camino," "el error" y "la rebelión". Caín pecó al retener sus primicias "al final de los días"[200] tanto de Elohim como de su hermano Abel. Era egoísta y se convirtió en un arrecife escondido en la fiesta de Sucot, porque no era un dador alegre ni un molinillo.

Balaam pecó al inducir a los hombres israelitas a los pecados de la lujuria y la idolatría, atrayéndolos con mujeres moabitas y madianitas para que adoraran a sus ídolos, tanto comiendo para esos dioses como realizando actos de lujuria sexual, lo cual es un error en la adoración. ¿Solo adoramos cuando «se siente» bien, o cuando está establecido por «Escrito está...»?

Coré y sus rebeldes anhelaban una autoridad espiritual que no era la suya. Codiciaban el respeto, la posición y la admiración de los demás, lo cual es rebelión espiritual. Estos tres ejemplos resumen una clase de molinillos de la Palabra y los distingue de los que muelen con alegría, porque los que reciben la Palabra con sed y hambre no son "... murmuradores, encontrando faltas, siguiendo sus propias concupiscencias; Hablan con arrogancia, halagando a la gente con el fin de obtener una ventaja."

Estos son ejemplos de las dos "mujeres" moliendo en el molino. Una mujer es una creyente de Oro Bueno, empoderada por el Espíritu Santo para recibir y caminar alegremente en la Palabra para beneficiar a otros. El Buen Oro ha sido refinado por el fuego y su andar en el desierto. Ella no se ha amargado por las dificultades y todavía está "húmeda," tal como Moisés, quien, cuando murió, "no se le oscurecieron los ojos ni se le apagó el vigor."[201] La palabra hebrea para "vigor" es le-ach, que significa humedad, verdor. A pesar de que era hora de que Moisés dejara la Tierra, la Palabra del Cielo en el desierto lo mantuvo húmedo, fresco y verde. Moisés sabía cómo "moler" alegremente el maná, ¿no es así?

La otra es la mujer que se desvía en su andar, renegando de lo que se le enseña a compartir con los demás, se equivoca al pensar que la vida espiritual se basa en buenos sentimientos, y se rebela contra los que ocupan puestos de autoridad espiritual o se apoderan de las tareas asignadas a

201. Deuteronomio 34:7

los compañeros creyentes. Esta mujer, al igual que la ramera de Apocalipsis, comete abominaciones, como advierte Judas, halagando para beneficio personal. Su oro no es bueno, porque se forma en el error, como una nube sin agua, un árbol doblemente muerto y sin frutos.

Este oro sin refinar será molido hasta convertirlo en polvo y mezclado con agua, y ella será despojada de sus joyas, obligada a beber la copa de la mujer adúltera y sufrir la peste.[202] Como Judas señala, aquellos caracterizados por esta mujer molienta están gobernados por sus instintos, bestias que serán destruidas por las mismas cosas que anhelan, y sus nombres desaparecerán del Libro. La misma enseñanza de Yeshúa sobre el Cielo que mantuvo a Moisés húmedo y verde seca estos molinillos hasta convertirlos en polvo.

Yeshúa dio otro ejemplo, dos hombres en un campo. Una vez más, la Primera Mención es clave, y la Mención Progresiva desarrolla el tema. Un campo funciona como dos molinos: ofrece contraste en la forma en que los seres humanos manejan la Palabra. O se conformarán a la imagen de la bestia como Adán y Eva se conformaron a la imagen de la serpiente, la bestia más astuta del campo, o se conformarán a la imagen de Elohim como Isaac, quien sembró y meditó en el campo y cosechó el ciento por uno. El hombre en el campo es el ejemplo comparable de la mujer en el molino. Para más detalles sobre los paralelos masculino y femenino en las Escrituras, véase el libro BEKY *Cueva de las Parejas* del autor.

Judas, que prepara al lector para el último libro de la Biblia, Apocalipsis, describe a los que escogen la imagen de la bestia: "... Por instinto, como animales irracionales, por estas cosas son destruidos." El campo puede ser un lugar donde la Palabra se siembra y produce fruto, un lugar de oración y meditación donde uno camina con Elohim en

202. Éxodo 32-33, Números 5, Apocalipsis 17,9,16,18

el fresco de la tarde como Isaac, o puede ser un lugar de caza y derramamiento de sangre como los campos de exterminio de Esaú y Caín. Esaú, que es Edom, el Rojo, sombrea la aparición de la bestia escarlata aliada con la Ramera en Apocalipsis. De la misma manera, Yeshúa presenta a sus discípulos las mismas opciones. ¿Qué tipo de molino seré? ¿Qué haré en el campo?

El Hombre de Oro Bueno siembra, cosecha y recoge la Semilla espiritual y física de la Palabra, y la Buena Mujer Dorada la muele alegremente y alimenta la Casa de Fe con misericordia, justicia y fidelidad.

> Acuérdate, pues, de lo que has recibido y oído; y guárdalo, y arrepiéntete. Pues si no velas, vendré sobre ti como ladrón, y no sabrás a qué hora vendré sobre ti.
> (Apocalipsis 3:3)

 Semilla de la Torá: Rosh Hashaná es una fiesta de remembranza, como se detalla en la porción de la Simiente de la Torá:

> Y en el día de vuestra alegría, y en vuestras solemnidades, y en los principios de vuestros meses, tocaréis las trompetas sobre vuestros holocaustos, y sobre los sacrificios de paz, y os serán por memoria delante de vuestro Dios. Yo Jehová vuestro Dios. (Números 10:10)

Las explosiones se asocian específicamente con olah (elevación), ofrendas de resurrección y el comienzo de los meses; Rosh Hashaná es una celebración doble, ya que es tanto el primer día del mes, el cambio del año, como el Día del Soplido. Aunque muchos piensan que el apodo judío tradicional para la Fiesta de las Trompetas, Rosh Hashaná, es un

203. El año nuevo babilónico Akitu cayó el primer día de Tishrei, que coincidió con Yom Teruah el primer día del séptimo mes. Cuando los judíos en cautiverio comenzaron a llamar al séptimo mes por el nombre babilónico Tishrei, los rabinos no querían que se confundiera con el año nuevo pagano, por lo que agregaron el nombre de Rosh Hashaná a Yom Teruah, que finalmente se convirtió en el nombre más común para esta festividad. La raíz de Shanah significa cambio o transformación, shinui. (Ganor, 2016) El tema transformador de Yom Teruah distinguió el cambio judío del año de Akitu.

204. 1 Corintios 15:51-52

205. Éxodo 34:22. La palabra traducida "giro" es tekufah: giro o circuito

nombre inapropiado porque no se llama por este nombre específicamente en la Torá, hay un vínculo textual con su función.

Rosh Hashaná[203] significa "Cabeza (Comienzo) del Año" en hebreo, pero la Semilla de la Torá lo llama Yom Terua, el Día de Tocar [las trompetas]. A primera vista, esto suplanta a la Semilla con una cizaña, pero ¿lo hace? Shaná en hebreo es más de un año; Es un cambio. Un año marca un cambio, por lo que es un juego de palabras que Pablo traduce para que sus lectores no judíos lo entiendan:

> He aquí, os digo un misterio: No todos dormiremos; pero todos seremos transformados, en un momento, en un abrir y cerrar de ojos, a la final trompeta; porque se tocará la trompeta, y los muertos serán resucitados incorruptibles, y nosotros seremos transformados.[204]

Rosh Hashaná es el comienzo del cambio. ¿Qué cambio? Es un cambio agrícola y espiritual del año. Las cosechas son recogidas, como el Cuerpo del Mesías en la Fiesta de las Trompetas, sin embargo, son transformadas a una nueva vida en la resurrección. ¿Hay una semilla de la Torá para confirmar esto, o Pablo se equivocó?

Semilla de la Torá:

> También celebrarás la fiesta de las semanas, la de las primicias de la siega del trigo, y la fiesta de la cosecha a la salida del año.[205] También la fiesta de la siega, los primeros frutos de tus labores, que hubieres sembrado en el campo, y la fiesta de la cosecha a la salida del año, cuando hayas recogido los frutos de tus labores

del campo.[206]

Y les mandó Moisés, diciendo: Al fin de cada siete años, en el año de la remisión, en la fiesta de los tabernáculos[207]

Y contarás siete semanas de años, siete veces siete años, de modo que los días de las siete semanas de años vendrán a serte cuarenta y nueve años. Entonces harás tocar fuertemente la trompeta en el mes séptimo a los diez días del mes; el día de la expiación haréis tocar la trompeta por toda vuestra tierra.[208]

Mientras que el primer mes del año ocurre en la primavera, el mes de la Pascua,[209] las fiestas de otoño de las Trompetas, el Día de la Expiación y los Tabernáculos marcan el final y el comienzo de un año... en el séptimo mes. Para la mente occidental que está condicionada a exigir una cosa o la otra, verdadero o falso, ¡esto es alucinante!

Sin embargo, no es diferente a mirar al cielo durante un período de veinticuatro horas y ver dos luminarias: el sol de día y la luna de noche. Cada uno cumple una función similar, pero separada, para mantener la Tierra en equilibrio habitable, pero no están en conflicto con el propósito del otro.[210] El sol determina los años, pero la luna determina un mes. Ver a un cordero inmolado en la Pascua sentado en el trono del Rey vivo de Rosh Hashaná no es un conflicto. Un nuevo año de libertad en el otoño no entra en conflicto con el comienzo de los meses en la primavera, y afortunadamente, ambas estaciones ofrecen profecías de resurrección en el Mesías Yeshúa. De hecho, los temas de las fiestas se sobreponen entre sí, por lo que son diferentes, pero son uno, al igual que la menorá es una pieza de oro batido.

206. Ex 23:16 La palabra traducida como "fin" es yatza, el salir, salir

207. Deuteronomio 31:10 La palabra traducida como "fin" es ketz, fin

208. Levítico 25:8-9 Este sonido del cuerno de carnero declara el año de Jubileo, cuando todos los terratenientes de Israel vuelven a sus tierras

209. Éxodo 12:2

210. Para una excelente visión general de la luna nueva en relación con la observancia de la fiesta y el comienzo del nuevo mes y la renovación espiritual, consulte The Biblical New Moon: A Beginner's Guide for Celebrating de Kisha Gallagher.

 Tradición judía: A los sardos se les advirtió que el día del juicio vendría sobre ellos como un ladrón si no despertaban. En la tradición judía, el día del juicio es Yom Kippur, el Día de la Expiación, sin embargo, comienza diez días antes en Rosh Hashaná para despertar al durmiente "muerto" con una trompeta a tiempo para preparar sus vestiduras para la resurrección a la vida en lugar de dejarlas manchadas para el juicio severo. Con la defensa de Yeshúa por nosotros ante el Padre, no hay razón para ser sorprendido durmiendo, muerto en la transgresión y el pecado, ni nadie debe despertar con vestiduras manchadas.

Hay un modismo judío para ese día del despertar, Rosh Hashaná: "El día y la hora que ningún hombre sabe..." Puede ser una alusión al movimiento de la nube en las Semillas de la Torá del Éxodo. Ni siquiera Moisés parecía saberlo, porque también tenía que esperar la nube. "Y cuando la nube se levantaba de lo alto de la tienda, después se embarcaban los Hijos de Israel... A veces la nube... durante varios días... a veces permanecen... o por un día y una noche... o por dos días, o un mes o un año..." (Seleccionado de entre 9:15-23).

 Semillas de la Torá: A los sardos se les advierte cómo prepararse para un tiempo de tribulación en la tierra como nunca antes se ha visto. La obra de la bestia y del dragón se intensificará, y harán guerra contra los hijos de la mujer que guardan los mandamientos de Dios y el testimonio de Yeshúa. Para prepararse para tal enemigo, Éxodo 10:9 manda: "Cuando vayas a la guerra en tu tierra contra el adversario que te ataque, entonces harás sonar la alarma (grito de Terúa) con las trompetas, para que seas recordado delante de Jehová tu Dios, y seas salvado de tus enemigos." El grito de la Terúa llama a Adonai a recordarlos y dispersar a sus enemigos.

 Tradición judía: Rosh Hashaná se celebra como el "día y la hora que ningún hombre sabe" y el "día de la explosión del despertar," y se celebra durante dos días como precaución debido a la falta de certeza en el avistamiento de la luna nueva que marca la fecha. El Terúa (grito), tekiah (aplauso) y shvareem (lamento), son los toques de shofar o bocina que marcan los servicios de la sinagoga, que están marcados por oraciones de arrepentimiento.

El toque de tekia de Rosh Hashaná corona a Adonai como Rey. El sonido largo y recto del shofar es el sonido de la coronación del Rey. Shvareem son tres lamentos, explosiones medias que se asemejan a la agudeza / ululación que se escucha comúnmente en el Medio Oriente, tanto como un sonido de celebración como un sonido de lamento y luto. Demuestra dolor por las deficiencias del año anterior y el reconocimiento de Israel de la necesidad del arrepentimiento. La Terúa, que son nueve toques rápidos, es un despertador que despierta a Israel del sueño espiritual para buscar claridad, alerta y enfoque.

El Talmud de la ley oral judía dice que cuando hay juicio desde abajo, no hay necesidad de juicio desde arriba. Si los judíos se examinan a sí mismos para ver cómo se han quedado cortos en el pasado y qué esperan cambiar en el futuro, entonces no hay necesidad de "despertar" a lo que ya se percibe y se sacrifica en el altar del arrepentimiento.

> Pero tienes unas pocas personas en Sardis que no han manchado sus vestiduras; y andarán conmigo en vestiduras blancas, porque son dignas.[211]

---

211. Apocalipsis 3:4

 Semillas de la Torá: Las "pocas" personas en Sardis son representativas de los levitas (8:5; 14-19) elegidos como redención en lugar de los primogénitos de las "legiones" de las tribus, todos enumerados con sus estandartes y líderes en el Capítulo Diez. Debido a que estaban con Moisés en contra de los adoradores del Becerro de Oro, eran dignos del sacerdocio (Éxodo 32:25-29). Las vestiduras blancas del sacerdocio dedicado se encuentran en 8:21 y Éxodo 28.

 Tradición judía: Las vestiduras blancas se usan tradicionalmente en la sinagoga el primer día de Rosh Hashaná.

El que venciere será vestido de vestiduras blancas; y no borraré su nombre del libro de la vida, y confesaré su nombre delante de mi Padre, y delante de sus ángeles.[212]

 Semillas de la Torá: En 8:7, Adonai ordena que los levitas laven sus vestiduras, "y serán puras." En Éxodo 8:6, Moisés literalmente viste a Aarón con las vestiduras sacerdotales. Las vestiduras blancas debían usarse en el Lugar Santísimo más allá del velo en lugar del colorido atuendo real del Sumo Sacerdote.

En Éxodo 32:32, Moisés le ruega a Adonai que no quite Su Presencia de Israel, porque preferiría que su propio nombre fuera borrado del Libro junto con sus hermanos y hermanas, incluso en sus fracasos.

 Tradición judía: En Rosh Hashaná se usan nuevas vestimentas. El blanco es la tradición el primer día, y luego cualquier color excepto el rojo el segundo día. En algunas comunidades de Oriente Medio, como los Baghdadi, también se usan ropas y zapatos blancos en Shavuot, no solo en Rosh Hashaná y Yom Kipur.[213]

212. Apocalipsis 3:5

213. Yerushalmi, 2007, Loc. 1754 de 3932

La tradición de juicio de Rosh Hashaná/Yom Kipur de los Libros se detalla en la ley oral judía, Mishná Rosh Hashaná 16b, y se hace eco, en diferentes palabras, por el sabio judío Rambam, Hiljos T'shuvá 3:3.

> El que tiene oído, oiga lo que el
> Espíritu dice a las iglesias.[214]

 Semilla de la Torá: En el Capítulo Diez, se le ordena a Moisés a fabricar dos trompetas de plata para convocar a la asamblea y señalar cuándo se moverán los campamentos. Hacer caso omiso de las trompetas resultaría en ser dejado atrás. ¡Dejar atrás no debería sucederle a nadie que guarde la Fiesta de las Trompetas en su tiempo señalado! La explosión de Terúa fue para mover el campamento a la acción: "Pero cuando toquéis una alarma, los campamentos que están levantados en el lado oriental se pondrán..." En hebreo, el Terúa también puede significar un grito.

 Tradición judía: Escuchar el sonido del shofar es el mandamiento principal de Rosh Hashaná.

Pablo en 1 Tesalonicenses 4:13-18 utiliza los temas judíos tradicionales de Rosh Hashaná para ilustrar el regreso de Yeshua de las semillas de la sombra de la Torá:

> Tampoco queremos, hermanos, que ignoréis acerca de los que duermen, para que no os entristezcáis como los otros que no tienen esperanza. Porque si creemos que Jesús murió y resucitó, <u>así también traerá Dios con Jesús a los que durmieron en él</u>. Por lo cual os decimos esto en palabra del Señor: que nosotros que vivimos, que habremos quedado hasta la venida

---

214. Apocalipsis 3:6

del Señor, no precederemos a los que durmieron.

Semilla de la Torá: En el final del Capítulo Doce de Behaalotkha está el infame incidente de Aarón y Miriam hablando sobre la mujer cusita. En cierta literatura judía, se postula que Miriam no estaba hablando en contra de la cusita, sino en contra de Moisés por retirarse de las relaciones conyugales con su esposa debido a sus responsabilidades. Cuando la nube se fue, Miriam fue puesta fuera del campamento con lepra, que Aarón compara con su nacimiento muerto. En sentido figurado, Miriam está muerta fuera del Campamento y la Presencia se ha retirado, lo que hace que Aarón y Moisés clamen por ella. Ni la nube ni el Campamento se mueven hasta que ella es restaurada después de siete días figurativos de muerte.

Tradición judía: La muerte es vista como "sueño" en la literatura de Rosh Hashaná. Pablo escribe a los tesalonicenses que los que están dormidos en el Mesías no carecen de esperanza, posiblemente señalando la fuerte intercesión de Moisés y Aarón a favor de Miriam. Tanto Moisés, el legislador, como Aarón, el Portador de la Luz, oran por la restauración para que todo el Campamento pueda volver a moverse. La resurrección de Miriam de entre los muertos precedió a la reunión del Israel "vivo" en las nubes para avanzar.

porque el Señor mismo con voz de mando, con voz de arcángel, y con trompeta de Dios, descenderá del cielo; y los muertos en Cristo resucitarán primero.[215]

Subió Dios con júbilo, Jehová con sonido de trompeta.[216]

215. 1 Tesalonicenses 4:16

216. Salmo 47:5

 **Semillas de la Torá:** Fue el Señor mismo, el Ángel de la Presencia, quien descendió en la nube para hablar con Moisés; el Nombre estaba en Él para sanar y perdonar pecados. Cuando Aarón y Miriam hablaron contra la cusita, "El Señor descendió en una columna de nube y se paró a la entrada de la Tienda de reunión..." (12:5).

Pero cuando toques la alarma, los campamentos que están levantados en el lado oriental se pondrán en marcha.

 **Tradición judía:** La columna descendió, pero cuando llegó el momento de ascender, un grito señalaba que el pueblo debía moverse con Su Presencia. La tradición judía afirma el resto de la exhortación de Pablo a los tesalonicenses: "Entonces nosotros, los que estemos vivos y los que hayamos quedado, seremos arrebatados juntamente con ellos en las nubes para recibir al Señor en el aire, y así estaremos siempre con el Señor."

 **Semilla de la Torá:**

Y cada vez que la nube se levantaba de lo alto de la tienda, después se embarcaban los Hijos de Israel, y en el lugar donde se posaba la nube, allí acampaban los Hijos de Israel. A veces la nube... durante varios días... a veces permanecen... o por un día y una noche... o por dos días, o un mes o un año... (seleccionado de entre Éxodo 9:15-23).

La nube los cubría durante el día cuando partían del campamento. Cuando el Arca viajaba, Moisés decía: "Levántate, HaShem, y sean dispersados tus enemigos, huyan de delante de ti los que te odian". Y cuando descansaba, decía: 'Vuelve, HaShem, a la miríada de millares de Israel' (10:34-35 Artscroll TANAJ).

El regreso del "Señor mismo" en la carta a los Tesalonicenses es paralelo al movimiento de la nube/arca en el desierto. El movimiento de la nube fue igualado por el movimiento del Arca que llevaba la Palabra de Dios.

Tradición judía: La nube/Palabra dispersó al enemigo, y luego regresó a la miríada de miles de Israel, lo que coincide con la descripción de Pablo de la reunión de los santos. La nube del Ángel de la Presencia estaba centrada en la "Tienda de Reunión,"[217] sugiriendo que era el estandarte y el punto de reunión para todo Israel en la resurrección.

La palabra griega aer, traducida como "en el aire" en 1 Tesalonicenses Cuatro, se refiere al aire respirable cerca de la tierra. No implica nubes muy por encima de la tierra. Esto es congruente con la tradición judía de que los israelitas caminaban en "nubes de gloria" en el desierto, ya que, de los muchos pasajes sobre el movimiento de la nube en el desierto y el campamento inicial en Sucot, derivan que Israel entró en Sucot (Tabernáculo) nubes de gloria cuando salieron de Egipto.

¿Quién estuvo al frente del movimiento del Campo? Judá. Después del exilio babilónico, cualquiera de las tribus que aún conservaba su identidad tribal se llamaba a sí misma «judía." ¿Podría este arreglo ser una semilla de sombra de la Torá de la cual crece

---

217. El Tabernáculo también era llamado Ohel Moed, o Tienda del Tiempo Señalado, una referencia a los moedím, las fiestas de Adonai durante las cuales todo Israel se reunía para adorar

la planta y el fruto del liderazgo judío en el Shabbat, los moedim y los servicios del Templo?

He aquí sobre los montes los pies del que trae buenas nuevas, del que anuncia la paz. Celebra, oh Judá, tus fiestas, cumple tus votos; porque nunca más volverá a pasar por ti el malvado; pereció del todo.[218]

Así ha dicho Jehová de los ejércitos: El ayuno del cuarto mes, el ayuno del quinto, el ayuno del séptimo, y el ayuno del décimo, se convertirán para la casa de Judá en gozo y alegría, y en festivas solemnidades. Amad, pues, la verdad y la paz... Aún vendrán pueblos, y habitantes de muchas ciudades; y vendrán los habitantes de una ciudad a otra, y dirán: Vamos a implorar el favor de Jehová, y a buscar a Jehová de los ejércitos. Yo también iré. Y vendrán muchos pueblos y fuertes naciones a buscar a Jehová de los ejércitos en Jerusalén, y a implorar el favor de Jehová. Así ha dicho Jehová de los ejércitos: En aquellos días acontecerá que diez hombres de las naciones de toda lengua tomarán del manto a un judío, diciendo: Iremos con vosotros, porque hemos oído que Dios está con vosotros.[219]

¿Qué ventaja tiene, pues, el judío? ¿o de qué aprovecha la circuncisión? Mucho, en todas maneras. Primero, ciertamente, que les ha sido confiada la palabra de Dios.[220]

218. Hahúm 1:15

219. Zacarias 8:19-23

220. Romanos 3:1-2

221. Romanos 9:4

222. Incluso la Asamblea de Laodicea en Apocalipsis sostiene la tradición judía, que asigna la balanza de la justicia como un tema del mes de Tishrei, el Séptimo Mes. Laodicea significa "justicia de los pueblos."

223. Los sabios judíos no intentan racionalizar todas las leyes rabínicas, ya que la "motivación al promulgar leyes fue proteger las leyes de la Torá. Como regla general, Jazal (los sabios) no hicieron leyes para proteger otras leyes rabínicas... Esto no significa que GEZEROT no tenga una lógica y un mecanismo internos. Por lo tanto, mientras que la motivación final para la gezará es proteger una ley de la Torá, el resultado de la gezerá puede afectar acciones que aparentemente estarían desconectadas de la protección

que son israelitas, de los cuales son la adopción, la gloria, el pacto, la promulgación de la ley, el culto y las promesas...[221]

Judá está a la delantera del movimiento del Campamento, y según Nahúm, Zacarías y Pablo, ellos también tienen la responsabilidad principal de salvaguardar tanto los pesados moedim prescritos, como cualquier ayuno o fiesta adicional "más ligera" de la tradición. Zacarías no se opone a la adición de días de ayuno de Judá a Yom Kippur, sino que, al describir cómo se transformarán en alegría para todas las naciones[222] en el reinado del Mesías, Zacarías valida como útil lo que algunos pueden juzgar como una adición a la Torá. Lo que Judá cultivó de la semilla de la Torá fue una buena tradición que presagiaba la vida de resurrección de Israel en el Mesías.

Sería un grave error elevar las tradiciones judías por encima de la Torá, que proyecta la sombra perfecta; sin embargo, ignorar por completo la tradición judía sería perder el contexto de gran parte de las Escrituras, especialmente el Nuevo Testamento, que enseña un corazón transformado, no una Torá transformada. Sin ningún marco de referencia instructivo para la observancia, la práctica en un caminar de la Torá puede volverse cada vez más extraña a medida que el aprendiz permanece ciego al movimiento del Campamento dirigido por Judá. que fue guiado por el Ángel de la Presencia. Esto es tanto una Simiente como una sombra de la realidad en el León de Judá. El resultado de un desprecio total por el cetro de Judá es la división familiar, las discusiones incesantes y la desunión descarriada.

Si bien puede haber algunas tradiciones, fábulas o costumbres insondables dentro del judaísmo,[223] tenga cuidado en el caminar diario. El cuerpo de la ley oral judía ha aumentado exponencialmente desde que los creyentes del primer siglo fueron educados en algunas de las costumbres, por lo que reunir un cuerpo de creyentes es un desafío cuando tantos se desesperan por encontrar los métodos "buenos," "correctos" o "verdaderos" de observancia.

Esta es una generación de transición al igual que el primer siglo, una generación en la que es posible poner fe en Yeshúa como el Mesías, así como observar fielmente los mandamientos del Padre. Habitando en la nube y con la multitud puede ser un desafío, especialmente cuando en los extremos algunos se han enamorado de cualquier cosa judía, mientras que otros aborrecen cualquier cosa "rabínica." Toma Su Mano, Yeshúa, la autoridad. Estate atento a Judá para conocer los tiempos de movimiento y descanso con el fin de permanecer dentro y debajo de la nube. Los levitas se reúnen,[224] y Judá es la realeza de la autoridad cubierta. Evite las tradiciones, pero no etiquete como pecado las tradiciones judías cultivadas de la Semilla y la buena tierra.

> Al mandato de Jehová acampaban, y al mandato de Jehová partían, guardando la ordenanza de Jehová como Jehová lo había dicho por medio de Moisés.[225]
>
> Así partieron del monte de Jehová camino de tres días; y el arca del pacto de Jehová fue delante de ellos camino de tres días, buscándoles lugar de descanso. Y la nube de Jehová iba sobre ellos de día, desde que salieron del campamento.[226]

Es un viaje de tres días para descansar, y los tres días eran un símbolo al que Yeshúa aludió repetidamente. El recogimiento en la temporada de la Pascua

(223 cont) de la ley de la Torá." (Appel, 2016, p. 97)

224. El orden de nacimiento de Levi es una pista. Su orden de nacimiento del tercer día corresponde al tercer día cuando se juntaron las aguas, lo que significa su papel levítico en la reunión de Israel en la Tienda de Reunión. La inmersión y la aspersión con agua es una parte vital de los rituales levíticos en los libros de Levítico y Números. El primogénito Rubén es descrito como "inestable como el agua," como el caos de las profundidades en el primer día.

225. Números 9:23

226. Números 10:33-34

en la tercera fiesta, las Primicias, es una primera resurrección. ¿Caminaremos en las nubes desde el Día de la expiación o del Despertar hasta Sucot? Yeshua es el Ángel de la Presencia en la nube, y está cubriendo, vistiendo, hablando y resucitando a Israel. Esa misma Mano está juzgando a aquellos en la tierra que son pesados en la balanza y hallados esperando. Las nubes hacen sombra en la tierra en un día soleado, pero el sol no hace sombras claras en el día de oscuridad. En cambio, la realidad se encuentra en el Mesías, que está en la nube con sus testigos.

SECCIÓN II

¿QUÉ SUCEDE?

11

CUIDADO CON EL MAGO

La sección I de este folleto examinó las Escrituras, así como las fuentes judías tradicionales. En la Sección II, la investigación adicional sobre la vida después de la muerte también correlaciona las Escrituras con las fuentes judías tradicionales. Una palabra de precaución está en orden. La Palabra tiene cosas duras que decir acerca de un baal ob, una persona que tiene un "espíritu familiar," y un yidd'oni, un "mago." Ambos deben ser apedreados si practican el contacto con los muertos o la resurrección de las almas de los muertos para comunicarse con ellos. Cualquier investigación de los muertos debe tomar un camino amplio alrededor de cualquier cosa que enseñe o practique la nigromancia o la magia.

La comprensión de la resurrección debe estar anclada en patrones bíblicos, y cuando se examinan las fuentes externas, deben ser contrastadas con el texto bíblico. La revisión por compañeros de nuestras propias conclusiones es importante para que uno no se "deje llevar." Muy pocas personas han muerto, resucitado y escrito libros al respecto, por lo que tenemos poco en qué confiar para obtener información objetiva. Incluso las declaraciones registradas del Yeshúa resucitado son pocas en relación con nuestras muchas preguntas.

Por esa razón, el autor solicita al lector que se acerque a esta sección con la debida precaución. Las correlaciones con los textos bíblicos y rabínicos se ofrecen para su consideración, pero tenga cuidado y guarde el corazón contra la fascinación excesiva con la muerte, los ángeles o los demonios. Tal obsesión puede ser un síntoma de afán, que da un punto de apoyo a las fuerzas oscuras.

Hay maldad en el mundo, ya sea que se vea o no se vea. El mago o nigromante (también llamado médium) engaña a su víctima que paga haciéndole creer que ha accedido a los muertos o en realidad accede al reino de los muertos. La curiosidad o el apego inapropiado a un ser querido muerto pueden hacer que uno se ponga bajo la influencia de una relación prohibida con un mago y el reino de los muertos y la actividad demoníaca.

Siempre, siempre, satisface la curiosidad sobre los muertos con las Sagradas Escrituras. Las cosas ocultas pertenecen a Dios, pero las Escrituras revelan lo que Él quiere que sepamos con certeza. La sección II es más una discusión de cómo las Escrituras y la tradición judía señalan ciertos principios de la resurrección en lugar de una doctrina. Los principios se presentan para su consideración y, con suerte, para su comodidad.

12

SEREMOS COMO ÁNGELES

¿Cómo será la resurrección? Yeshúa enseñó muchas veces acerca de la resurrección, la cual, para los fariseos, eran noticias antigua. A los saduceos, sin embargo, Yeshúa les enseñó algunas de las informaciones más específicas sobre la resurrección, y los saduceos ni siquiera creían en la resurrección. Debido a esto, a menudo desafiaban a Yeshua a atraparlo y, sin saberlo, extraían de él la enseñanza de la resurrección que da los detalles que queremos.

> Porque en la resurrección ni se casarán ni se darán en casamiento, sino serán como los ángeles de Dios en el cielo.[227]

> Porque cuando resuciten de los muertos, ni se casarán ni se darán en casamiento, sino serán como los ángeles que están en los cielos.[228]

> Entonces respondiendo Jesús, les dijo: Los hijos de este siglo se casan, y se dan en casamiento; más los que fueren tenidos por dignos de alcanzar aquel siglo y la resurrección de entre los muertos, ni se casan,

227. Mateo 22:30

228. Marcos 12:25

ni se dan en casamiento. Porque no pueden ya más morir, pues son iguales a los ángeles, y son hijos de Dios, al ser hijos de la resurrección. Pero en cuanto a que los muertos han de resucitar, aun Moisés lo enseñó en el pasaje de la zarza, cuando llama al Señor, DIOS DE ABRAHAM, DIOS DE ISAAC Y DIOS DE JACOB.[229]

Los tres relatos evangélicos de esta conversación entre los saduceos, que no creían en la resurrección, y Yeshúa, que ES la resurrección, están relacionados con la zarza ardiente. La esperanza de vida no suele ser larga para aquellos que oyen una voz que sale del fuego: "¿Ha oído algún pueblo la voz de Dios que habla desde en medio del fuego, como tú la has oído, y sobrevivido?"[230] Moisés sobrevivió a la zarza ardiente y los israelitas sobrevivieron al fuego en el Monte Sinaí. La tradición judía es que en cada declaración Divina de los Diez Mandamientos, los israelitas morían y resucitaban, hasta que después de los Diez, le rogaron a Moisés que fuera a escuchar el resto y se lo pasara:

> y dijisteis: He aquí Jehová nuestro Dios nos ha mostrado su gloria y su grandeza, y hemos oído su voz de en medio del fuego; hoy hemos visto que Jehová habla al hombre, y este aún vive. Ahora, pues, ¿por qué vamos a morir? Porque este gran fuego nos consumirá; si oyéremos otra vez la voz de Jehová nuestro Dios, moriremos.[231]

¡Más de Diez era demasiada resurrección! Yeshua vino a darle a Israel vida en los mandamientos a través del Espíritu Santo para que de una vez por todas Israel pueda resucitar a la vida en ellos.

229. Lucas 20:34-37
230. Deuteronomio 4:33
231. Deuteronomio 5:24-25

Yeshúa les recuerda a los saduceos que Dios es el Dios de "Abraham, Isaac y Jacob," lo que significa que estos tres hombres aún viven más allá de la tumba. Ellos pueden (y serían) resucitados con Yeshúa:

> y se abrieron los sepulcros, y muchos cuerpos de santos que habían dormido, se levantaron; y saliendo de los sepulcros, después de la resurrección de él, vinieron a la santa ciudad, y aparecieron a muchos.[232]

Puesto que la pregunta es la de la resurrección, y Yeshúa la relaciona tan consistentemente con Abraham, Isaac y Jacob, el lector debe visitar el significado del lugar de sepultura de los patriarcas y matriarcas, la ciudad de Hebrón. Fueron enterrados con sus esposas, Sara, Rebeca y Lea, en la cueva de Macpela. Los sabios judíos explican que el sitio era importante como lugar de entierro para Abraham porque Adán y Eva fueron enterrados allí. Imagínese a Eva, que al principio fue llamada "Ishah", o esposa, llorando mientras salían del Jardín. En la tradición mística del judaísmo, la Cueva de Macpela es una puerta espiritual al Jardín del Edén.[233] Es un pasadizo o túnel que une la vida y la muerte.

Isaac y Rebeca es la única pareja de tumbas en la Cueva de Macpela hoy en día que se mantienen ocultas al público en general. Está custodiado por el habiz para que judíos y cristianos no puedan acercarse. Si Isaac es la paleo-profecía de la resurrección, y él era una ofrenda olah que representa cómo la Novia del Mesías asciende como un "fuego" o "esposa" en las llamas, hay una verdadera ironía.

El Evangelio de Juan es el único que no registra esa conversación de resurrección "como ángeles" entre los saduceos y Yeshúa, pero ¿dejó Juan una pista

232. Mateo 27:52-53

233. Rafael pg. 380

de conexión? En su relato de la resurrección, Juan narra un relato desconcertante y místico que está lleno de detalles importantes. Lee atentamente el siguiente pasaje, enfocándote en el diálogo entre Yeshúa y Miriam (María):

> Pero María estaba fuera, **junto al sepulcro**, llorando, y mientras lloraba, se inclinó y miró dentro del sepulcro. Y vio a dos ángeles vestidos de blanco, sentados, uno a la cabecera y el otro a los pies, donde había sido puesto el cuerpo de Jesús. Entonces le dijeron: "Mujer, ¿por qué lloras?"
>
> Ella les dijo: "Porque se han llevado a mi Señor, y no sé dónde lo han puesto."
>
> Habiendo dicho esto, **se volvió** y vio a Jesús que estaba allí, sin saber que era Jesús. Jesús le dijo: "Mujer, ¿por qué lloras? ¿A quién buscas?'.
>
> Ella, creyendo que era **el jardinero**, le dijo: Señor, si te lo has llevado, dime dónde lo has puesto, y yo me lo llevaré.
>
> Jesús le dijo: '¡María [Miriam]!'
>
> **Ella se volvió** y le dijo: '¡Rabboni!' **(es decir, Maestro).**
>
> Jesús le dijo: "No te aferres a mí, porque aún no he **subido** a mi Padre; sino que id a mis hermanos y decidles: **Subo a mi Padre** y a vuestro Padre, y a mi Dios y a vuestro Dios."
>
> María Magdalena se acercó y dijo a los discípulos que había visto al Señor y que él le había hablado estas cosas.[234]

234. Juan 20:11-18

En resumen, Miriam habla con dos ángeles. Se da la vuelta y ve a "Jesús," a quien supone que es el jardinero, porque ahora está mirando hacia el jardín, no hacia la tumba. Ella le habla a este jardinero Yeshúa, pero entonces, Jesús dice: "Miriam," y Miriam se voltea para hablarle. Esto no es una mala traducción del texto griego, ya que la versión King James está preservando la rareza de este intercambio. María se vuelve dos veces para dirigirse a Yeshúa.

¿A quién podría simbolizar el primer «jardinero Yeshúa»? La literatura judía afirma:

> ... cuando un hombre se va del mundo... se encuentra con Adán, el primer hombre, sentado a la puerta de Gan Edén... dispuestos a acoger con alegría a todos aquellos que han observado los mandamientos de su Maestro.[235]

El lector tiene varias pistas de palabras: ángeles, tumba, jardinero, ascender, Padre, Dios. ¿Y el escenario? Un jardín y una tumba funeraria. Aplica la Regla de la Primera Mención para encontrar el comienzo del hilo. ¿El primer jardinero y jardín? El primer hombre, Adán, y el Jardín del Edén. ¿La primera tumba funeraria? La Cueva de Macpela. ¿Los primeros ángeles? Los dos ángeles custodiando la entrada al Jardín del Edén. Esta vez, sin embargo, los dos ángeles no sostienen una espada que guarda el camino hacia el Árbol de la Vida. Miriam está observando un paso en el proceso de resurrección (ascendiendo), y ve el camino de regreso al Árbol de la Vida en su Maestro Yeshúa, la Palabra Viva.

Sin embargo, ¿son estos dos ángeles de la tumba solo representativos de los dos querubines que custodian el Jardín? Las Escrituras registran diferentes clases o jerarquías de ángeles. Un tipo de ángel se parece mucho a los seres humanos, y

235. Rafael Pg. 309

los seres humanos a menudo no son conscientes de que son ángeles hasta que eligen revelarse a sí mismos. Algunos ángeles son guerreros feroces, como Miguel, Gabriel, el ángel que se enfrentó a Josué, o los que estaban a disposición de Yeshúa:

> ¿Acaso piensas que no puedo ahora orar a mi Padre, y que él no me daría más de doce legiones de ángeles? [236]

Un encuentro con estos ángeles guerreros es a la vez memorable y aterrador.

Sin embargo, los ángeles "semejantes a un hombre" pueden comer y beber como los ángeles que visitaron a Abraham, e incluso lucharon, como el ángel "hombre" que luchó con Jacob. Esta clase de ángeles es llamada Ishim por los rabinos, porque el ángel que luchó con Jacob es llamado ish (hombre) en Génesis 32:24. Ishim sería el plural de ish, pero hay una diferencia gramatical entre hombre (anashim) y ángeles (ishim).

Esta designación gramatical ayuda al lector a diferenciar entre hombres mortales y ángeles con apariencia humana. Sin embargo, una cosa que hay que recordar sobre los ishim es que ellos también pueden tener una apariencia muy feroz. El ángel que confrontó a Josué en 5:13 se llama ish.

Ahora bien, la declaración de Yeshúa sobre la resurrección tiene contexto. Seremos como ángeles. ¿Qué ángeles? Lo más probable es que los ishim que conservan una apariencia humana, pero tienen una fuerza sobrenatural, inteligencia y muchos otros atributos que los guionistas de cómics y superhéroes ponen en sus historias. Sin embargo, incluso antes de su resurrección, el Mesías Yeshúa tenía cualidades sobrenaturales y milagrosas. El Yeshúa resucitado comía pescado, cocinaba, caminaba con sus propios discípulos por el camino

236. Mateo 26:53

a Emaús sin ser reconocido, y tenía un cuerpo. Sus características eran muy parecidas a las de la clase de ángeles ishim.

¿Por qué la clase ishim? Tal vez el Yeshua resucitado puede manifestarse como cualquier cosa que el Padre quiera, sin embargo, son principalmente los ishim los que traen mensajes del Cielo a la humanidad. Yeshúa enseñó que nuestra resurrección transformará a los justos resucitados en formas semejantes a los ishim, y el Padre presentó al Hijo a la humanidad de esta manera. Los dos ángeles que custodian el sepulcro tienen la apariencia de ishim, y visten de blanco, tal como se visten los justos muertos resucitados.

La adoración de ángeles es peligrosa, y algunas personas llevan imágenes de angeles como amuletos o decoraciones de buena suerte. Los ishim y otras clases de ángeles no desean, ni pueden aceptar, tal atención.[237] Los ishim son seres creados como los anashim (seres humanos), y sus formas solo deben ser reproducidas por edicto celestial, como los mecidos mandados del Tabernáculo y los querubines que custodian el Arca.

Yeshúa, sin embargo, ofrece a sus estudiantes el ejemplo del ishim para ayudarles a visualizar sus cuerpos después de la resurrección, y Miriam ve dos ejemplos de ángeles en la tumba del huerto y dos ejemplos de Yeshúa en el jardín. En Marcos, uno de los dos ángeles descritos en Juan es un "joven," y en Lucas, "dos hombres":

> Y cuando entraron en el sepulcro, vieron a un joven sentado al lado derecho, cubierto de una larga ropa blanca; y se espantaron.[238]
>
> Aconteció que estando ellas perplejas por esto, he aquí se pararon junto a ellas dos varones

237. Apocalipsis 19:10, 22:9

238. Marcos 16:5

con vestiduras resplandecientes;[239]

Los cuerpos resucitados se describen con algunas características importantes de los ishim:

- Pureza de las prendas
- brillo
- Portadores de mensajes (siervos) del Cielo

Sin embargo, una cosa que hay que recordar es que Yeshúa enseñó que los muertos resucitados serían como ángeles. La humanidad es una creación separada, y sería un error reducir nuestras expectativas a simplemente convertirnos en otra clase de ser creado. Así como el hombre está hecho a la imagen de Elohim, pero no es Elohim, así también los humanos pueden ser como ishim, pero no ser ishim.

---

239. Lucas 24:4

13

PUERTA DE ENTRADA AL JARDÍN

Cuando se le pidió a Abraham que ofreciera a Isaac como ofrenda olah, no hay registro de sus palabras, solo de su obediencia. En las sinagogas de Rosh Hashaná, el servicio va acompañado de la lectura de la Akeidah, el pasaje de las Escrituras que describe la atadura de Isaac como un sacrificio olah. Una olah generalmente se traduce como "ofrenda quemada completa," pero en hebreo significa subir, como en la resurrección. Un judío que se muda de cualquier otro país a Israel "hace aliyá", o sube a su patria del pacto. La Tierra natural de Israel representa el reino espiritual que se cierne justo encima de ella.

En las oraciones de Rosh Hashaná, el perdón no se pide, ya que es diez días después en Yom Kippur. En cambio, la súplica de perdón se hace con el sonido del shofar,[240] una canción de intenso poder espiritual que se ofrece a través del cuerno de un animal. La voz del shofar se movía libremente entre los reinos físico y espiritual en el Sinaí, ¡porque la gente "veía" los sonidos![241]

Si bien la atadura de Isaac se centra en las acciones prácticas de Abraham al sacrificar a su hijo, y las Escrituras utilizan el sacrificio como una profecía de resurrección, el texto ha dado a los eruditos judíos

240. Un shofar es una trompeta hecha con el cuerno de un animal, como un carnero o una cabra montés. En la tradición, el carnero atrapado en la espesura que fue sustituido por Isaac proporcionó dos shofares: la Última Trompeta en Rosh Hashaná (resurrección de los muertos) y la Gran Trompeta en Yom Kippur diez días después.

241. "Entonces el Señor os habló desde en medio del fuego; Oíste el sonido de las palabras, pero no viste ninguna forma, solo una voz". (Deuteronomio 4:12)

algo sobre lo que reflexionar en ausencia de Sara. Sara no está en Beer Sheva cuando Abraham regresa, sino en Hebrón. Génesis 23:2 cita "Kiryat Arba," que está en Hebrón. Considere Hebrón como el área más grande, y Kiryat Arba como el área específica dentro de la más grande, como la ciudad de Lexington en el condado de Fayette.

Sobreponer a Hebrón sobre Kiryat Arba tiene un significado lingüístico. Kiryat Arba significa "Ciudad de los Cuatro." Otra ciudad es descrita en Apocalipsis como construida en cuatro cuadros:

> La ciudad se halla establecida en cuadro, y su longitud es igual a su anchura; y él midió la ciudad con la caña, doce mil estadios; la longitud, la altura y la anchura de ella son iguales.[242]

> La ciudad no tiene necesidad de sol ni de luna que brillen en ella; porque la gloria de Dios la ilumina, y el Cordero es su lumbrera. Y las naciones que hubieren sido salvas andarán a la luz de ella; y los reyes de la tierra traerán su gloria y honor a ella. Sus puertas nunca serán cerradas de día, pues allí no habrá noche. Y llevarán la gloria y la honra de las naciones a ella.[243]

La ubicación de la cueva funeraria de Sara, Macpela, en Kiryat Arba, Ciudad de los Cuatro, conecta al lector con la Nueva Jerusalén, un lugar donde las naciones traerán gloria y honor. Sara es la mujer profetizada que sería la madre de muchas naciones, y que de ella descenderían reyes de pueblos:

> Y la bendeciré, y también te daré de ella hijo; sí, la bendeciré, y

242. Apocalipsis 21:16
243. Apocalipsis 21:23-26

vendrá a ser madre de naciones;
reyes de pueblos vendrán de ella.[244]

La Cueva de Macpela es conocida como la Cueva de las Parejas o la Cueva de los Dobles. Los patriarcas y las matriarcas están enterrados en parejas. Según la tradición rabínica, la razón por la que Sara estaba en Hebrón era para interceder a favor de Isaac. Abrahán ensilló un burro, partió con sus "jóvenes" y fue al Monte Moriá, el actual Monte del Templo, para sacrificar a Isaac.

Abraham creía que Dios incluso resucitaría a Isaac de entre los muertos, pero Sara va a la tumba de Adán y Eva para interceder por Isaac:

> (como está escrito: Te he puesto por padre de muchas gentes) delante de Dios, a quien creyó, el cual da vida a los muertos, y llama las cosas que no son, como si fuesen.[245]

> Por la fe Abraham, cuando fue probado, ofreció a Isaac; y el que había recibido las promesas ofrecía su unigénito, habiéndosele dicho: EN ISAAC TE SERÁ LLAMADA DESCENDENCIA; pensando que Dios es poderoso para levantar aun de entre los muertos, de donde, en sentido figurado, también le volvió a recibir.[246]

> Y se cumplió la Escritura que dice: Abraham creyó a Dios, y le fue contado por justicia, y fue llamado amigo de Dios.[247]

Según la tradición, Sara se aflige y llora hasta morir, y es por eso que Abraham no regresa a Beer Sheva (Beer Sheba), sino que va a Hebrón para enterrar a Sara. Hebrón era el lugar del "Pacto entre las Piezas"

244. Génesis 17:16

245. Romanos 4:17

246. Hebreos 11:17-19

247. Santiago 2:23

y donde Dios había enviado mensajeros para decirle a la pareja que milagrosamente tendrían un hijo. Según la tradición, Sara oró hasta que su corazón falló. "Abraham vino allí para enterrar, elogiar y llorar por su amada esposa, sin la cual comprendió que su vida con Dios había terminado, pero por medio de la cual el destino de Israel había sido asegurado para siempre."[248] Aunque la vida de Abraham con Dios no había terminado literalmente, su significado espiritual se desvanece del texto y se transfiere a la siguiente generación, Isaac.

La raíz de la palabra Hebrón es chavar, que también es la raíz hebrea de "amigo." Debido a la fe de Abraham, fue llamado amigo de Dios. ¿Qué mereció que Sara fuera enterrada en el sepulcro junto a Adán y Eva en Hebrón?

A Eva le fue dada la profecía de la Simiente de la Mujer: el Mesías sería la Simiente de la Mujer que aplastaría la cabeza de la serpiente. Después de que el pecado entró en el mundo, Adán nombra a Eva en hebreo "Chavah" o "La Madre de Todos los Vivientes." Antes de eso, ella era Ishah. Ishah significa tanto mujer como esposa.

> Dijo entonces Adán: Esto es ahora hueso de mis huesos y carne de mi carne; esta será llamada Varona (Ishah), porque del varón fue tomada.[249]

En el relato del Huerto de Yeshúa, el Jardinero y los ángeles en la tumba, tanto los ángeles como Yeshúa "el jardinero" se dirigen a Miriam llamándola "Mujer," antes de que Yeshúa la llame por su nombre Miriam. Todos preguntan: "Mujer, ¿por qué lloras?" La palabra hebrea para mujer, es ishah. Los ángeles y Yeshúa se dirigen a Miriam con el mismo nombre que Eva antes del pecado:[250]

> Y le dijeron: Mujer, ¿por qué lloras?

248. Riskin, 2015
249. Génesis 2:23
250. Juan 20:13

> Les dijo: Porque se han llevado a mi Señor, y no sé dónde le han puesto. Jesús le dijo: Mujer, ¿por qué lloras? ¿A quién buscas? Ella, pensando que era el hortelano, le dijo: Señor, si tú lo has llevado, dime dónde lo has puesto, y yo lo llevaré. [251]

Cuando "el jardinero," que recuerda al Primer Adán, se dirige a Miriam como Ishah, ella se vuelve hacia él, pero cuando Yeshúa usa el nombre real de Miriam, ella se vuelve de nuevo para hablar con Yeshúa. Uno tiene que preguntarse de qué reino Miriam se aparta de la dirección Ishah, el primer nombre de Eva, para hablar con el otro que la llama "Miriam."

En el libro de Apocalipsis, las primeras siete menciones de "la mujer" son positivas, describiendo a la mujer virtuosa Israel.[252] Las siguientes cinco menciones son negativas, refiriéndose a la mujer adúltera que monta la bestia escarlata.[253] Para coincidir con estas doce menciones de la mujer y la esposa adúltera en dos capítulos de Apocalipsis, los capítulos dos y tres de Génesis mencionan a ishah doce veces como su nombre de mujer o esposa antes de que la maldición del pecado entre en el matrimonio. Después de eso, Adán nombra a su esposa Chavah (Eva).

Cuando Adán y Eva son buscados en el Huerto por Elohim después de su pecado, Él usa la pregunta: "¿Eikha?" ¿Dónde estás? Si se pronuncia de manera ligeramente diferente, la misma palabra hebrea eikha también significa lamentación y luto, como el título hebreo del libro de Lamentaciones. En el Jardín, insinúa que incluso Elohim puede experimentar luto por la pérdida de Su creación de su lugar en el Jardín Inferior. Han descendido espiritualmente, lo que hace que sea más difícil para ellos "verlo" en su caminar diario con Él.

---

251. Juan 20:15

252. Apocalipsis 12:4, 6, 13, 14, 15, 16, y 17, y "una mujer" en Apocalipsis 12:1

253. Apocalipsis 17:4, 6, 7, 9, 18, y "una mujer" en Apocalipsis 17:3

Del mismo modo, en Lamentaciones, el profeta Jeremías lamenta la pérdida de Israel de su hogar espiritual y natural, el Templo, Jerusalén y la Tierra de Israel misma. Ambas son expresiones de duelo por la pérdida del lugar y de la relación con el Padre.

Sara, al igual que Abram, tiene una bendición en su cambio de nombre de Sarai a Sara. Ella se convierte en la Madre de Muchas Naciones que serán bendecidas por Abraham y Sara. En Apocalipsis, sus hijos, los Hijos de Israel, guardan el testimonio de Yeshúa y los mandamientos de Dios. Tienen una relación de amor con los mandamientos.

Pablo trata de explicar en Gálatas 4:22-31 acerca de la Madre de la humanidad, Sara, que es Jerusalén arriba, la esposa del corazón de Abraham. Su bendición prevalecerá en los justos. Los que son la simiente de la ramera, los que cabalgan sobre la bestia escarlata, serán maldecidos. Son descendientes de Agar, cuya relación con Abraham fue de esclavitud. Aquellos que tienen una relación servil con los mandamientos no nacen del Espíritu de lo alto.

La simiente de Abraham y Sara fue Isaac, quien prefiguró al Mesías Yeshúa. Si bien el trabajo de Abraham era sacrificarlo, el trabajo de Sara era interceder por su resurrección con dolor y llanto. Este sacrificio intercesor fue hasta la muerte por ella, sin embargo, el sacrificio de Abraham por Isaac le valió el título de Amigo de Dios en el Monte del Templo:

> Dios nuestro, ¿no echaste tú los moradores de esta tierra delante de tu pueblo Israel, y la diste a la descendencia de Abraham tu amigo para siempre? [254]

254. 2 Crónicas 20:7

Este título de "amigo" no proviene de la raíz chavar, sino ahav, amado. Debido a que Abraham ofrece a su único hijo "a quien amas (ahav)," Abraham se convierte en el amigo amado de Dios. En el mismo capítulo de Hebreos que describe la fe de Abraham en la resurrección, también se describe a las "mujeres":

> Las mujeres recibieron sus muertos mediante resurrección; más otros fueron atormentados, no aceptando el rescate, a fin de obtener mejor resurrección. [255]

En las páginas del Tanaj (Antiguo Testamento), sólo unas pocas mujeres recibían de vuelta a sus muertos por resurrección. ¿Es Sarah una de ellas? Sí y no. Sara no vivió para ver la resurrección de Isaac; En cambio, murió de dolor y llanto por su único hijo. De alguna manera, sugiere el escritor de Hebreos, su tortura produjo una mejor resurrección. Esa resurrección solo podía ser la resurrección de Yeshúa. Debido a su muerte, Abraham compra el cementerio de Adán y Eva en Hebrón, la legendaria puerta de entrada al Jardín.

---

255. Hebreos 11:35

14

EN EL JARDÍN

El llanto de Sara por la resurrección y el dolor de Eva se reflejan en el llanto de Miriam en el Huerto mientras busca el cuerpo de Yeshúa. Tal vez los dos "jóvenes" de Abraham van a la tumba de Macpela para traer noticias de la resurrección de Isaac. Es como si pudiéramos ver a Sara llorando por Isaac en la visita de Miriam a la tumba del Huerto. De repente, Miriam ve dos ishim, y se da cuenta de que no hay ningún cadáver en la tumba. Se vuelve para hablar con un jardinero, pero al igual que con Ishim, al principio no reconoce que no es un ser humano normal. ¿Quién es él? ¿El primer jardinero, Adán, cuyo cuerpo finalmente ha sido despertado de su lugar en Macpela para ser restaurado a su alma por Yeshúa? En Miriam, se puede ver la esperanza de la Madre Sara, que lloró hasta morir por una mejor resurrección en la puerta espiritual del Jardín.

Miriam está en un jardín, pero ¿qué jardín es? ¿Es simplemente un jardín adyacente a una tumba funeraria, o está experimentando algo mucho más espiritual? La tradición judía concerniente a la muerte y la resurrección, así como las Escrituras, pueden suplir el eslabón perdido. Lo que era la puerta de entrada a la muerte se ha convertido en la puerta de entrada a la resurrección en Yeshúa. Es una experiencia de altibajos.

Gan Edén, el Jardín del Edén, es el Jardín Inferior, a veces llamado Paraíso. El Jardín Superior está en un Cielo más alto. El Jardín Inferior, o Gan Edén, es un lugar de enseñanza y aprendizaje para ascender al Padre. Fue el primer dominio de la humanidad. La primera reacción de Miriam al ver a Yeshua es "Rabboni,"[256] o Maestro. No amo, el término que ella ha usado para el ishim y el "primer" Yeshúa, sino Maestro. El Jardín Inferior del Paraíso es el reino del Reino asociado con el aprendizaje para ascender al reino superior.

> Ciertamente el pueblo morará
> en Sion, en Jerusalén; nunca más
> llorarás; el que tiene misericordia
> se apiadará de ti; al oír la voz de
> tu clamor te responderá. Bien que
> os dará el Señor pan de congoja
> y agua de angustia, con todo,
> tus maestros nunca más te serán
> quitados, sino que tus ojos verán a
> tus maestros.[257]

El sabio judío Rashi expone sobre Isaías 30:20, relacionándolo con Números 23:23:

> A su debido tiempo se dirá a Jacob
> y a Israel: ¡Qué milagro ha hecho
> Dios!

Este pasaje de Números es parte de la visión que el profeta Balaam tenía de Israel. Este evento milagroso que ocurrirá en Israel tiene contexto en Números 23:21:

> No ha notado iniquidad en Jacob,
> ni ha visto perversidad en Israel.
> Jehová su Dios está con él, y júbilo
> de rey en él.

---

256. María responde a Yeshúa en hebreo en el huerto. ¿Es este nuestro lenguaje post-mortem, de resurrección? Si es así, entonces es bueno que uno venga al Reino como un niño pequeño... ¡Es mucho más fácil aprender un nuevo idioma!

257. Isaías 30:19-20

Balaam profetiza de un tiempo en el que, milagrosamente, no se encontrarán problemas en Israel debido al "grito" de un rey entre ellos y el Santo mismo está con él. El juego de palabras "grito" en hebreo denota el sonido de un shofar, Terúa, que se asocia con la Fiesta de las Trompetas (Rosh Hashaná) y la Primera Resurrección.

Debido a que Yeshúa resucitó en el Tercer Día, la Fiesta de las Primicias, sus discípulos tienen esperanza de resurrección en el Quinto Día, la Fiesta de las Trompetas. De acuerdo con el comentario de Rashi a Números 23, el milagro que ocurre debido al grito del rey es que el amor que Balaam pronunció sobre Israel será revelado a todas las naciones, porque Israel se sentará ante Él y aprenderá la Torá de Su boca.

> Su reino estará más adentro, es decir, más cerca de Dios que los ángeles ministradores, y los ángeles preguntarán a Israel: '¿Qué ha hecho Dios?' Este es el significado de lo que dice: 'Y tus ojos verán a tu Maestro'.[258]

Significativamente, en el jardín, Yeshúa le dice a Miriam que deje de aferrarse a él porque debe ascender al Padre. El Jardín Superior estaba más cerca de la Presencia que el Jardín Inferior, el lugar de preparación y enseñanza, que también es un lugar de trabajo y descanso. Solo a los sacerdotes se les permitía avanzar más allá del altar de las ofrendas quemadas hacia el Lugar Santo,[259] y uno podría especular que Miriam no podía ascender más con Yeshúa… todavía.

En algún lugar entre Jerusalén y las afueras de Hebrón hay un manantial conocido como Ein Eitam. Un antiguo acueducto llevaba agua de Hebrón y Belén a Jerusalén:

258. Rashi a números 23:23 pg. 298

259. Lieber pg. 621

El acueducto comienza en el manantial de Ein Eitam cerca de las Piscinas de Salomón, al sur de Belén, y se extiende 21 kilómetros hasta Jerusalén. "A pesar de su longitud, fluye a lo largo de una pendiente descendente muy suave en la que el nivel del agua desciende solo un metro por kilómetro de distancia."[260]

Las aguas de este manantial estaban situadas a 23 amot (codos) más alto que el suelo del Templo. Al menos desde los tiempos de los asmoneos, un acueducto fluía desde el manantial de Hebrón hasta la mikve en la que el Sumo Sacerdote se sumergía en Yom Kippur para su servicio en el Templo:

> Cinco inmersiones y diez santificaciones el Sumo Sacerdote sumerge y santifica sus manos y pies, respectivamente, en el día de Yom Kippur. Y todas estas inmersiones y santificaciones tienen lugar en el área sagrada, el patio del Templo, en el Salón de Parva... Abaye dijo: 'Concluye... que Ein Eitam, el manantial del que se suministraba agua al Templo era veintitrés codos más alto que el suelo del patio del Templo.[261]

260. Por TOI STAFF. 21 May 2015. *The Times of Israel*. "Descubren una sección del antiguo acueducto de Jerusalén" https://www.timesofisrael.com/section-of-ancient-jerusalem-aqueduct-uncovered/

261. Yoma 31a

Aunque la resurrección de Yeshúa ocurrió en la semana de la Pascua, las siete festividades de Israel tienen temas entrelazados y sobrepuestos, lo que les da unidad. Cada fiesta prescrita profetizaba algo del plan Divino para la salvación, redención y el regreso al Jardín. Como tipo y sombra del Mesías, el Sumo Sacerdote se sumergía antes del servicio de Yom Kippur en el estanque de agua suministrado por el manantial de Ein Eitam en Hebrón. El acueducto fluía a través de Belén, el lugar del nacimiento de Yeshúa, y terminaba en el patio del Templo. A partir de ahí, el Sumo Sacerdote podía hacer expiación por el pecado cada año.

Miriam ve a Yeshua en un jardín antes de que ascienda al Padre en el Jardín Superior del Trono, por lo que debe elevarse a otro nivel que el que Miriam ve. La tradición judía dice que las almas de los muertos justos se encuentran bajo el Trono de Adonai. Tal vez esta sea una descripción del Jardín Inferior, el lugar diseñado para la humanidad:

> Jehová dijo así: El cielo es mi trono, y la tierra estrado de mis pies; ¿dónde está la casa que me habréis de edificar, y dónde el lugar de mi reposo?[262]

Antes del pecado, los reinos natural y espiritual de la tierra eran uno, el Jardín del Edén. Habría colocado el reino del Jardín de Adán y Eva bajo el Trono del Santo. Él descendería de Su reino superior en el fresco de la noche para tener comunión, específicamente para "caminar" en el Jardín con ellos. En ese sentido, la comparación del estrado tiene sentido, porque está relacionada con los "pies" del Santo. Hebreos 1:13 señala la profecía del Salmo 110:1, relacionada específicamente con Yeshúa:

> Pues, ¿a cuál de los ángeles dijo Dios jamás: Siéntate a mi diestra, hasta que ponga a tus enemigos por estrado de tus pies?

El simple sentido de la promesa es que los enemigos de Yeshúa serán subyugados. Sin embargo, en un sentido más amplio, cuando el cuerpo de creyentes de Yeshúa sea resucitado de entre los muertos, se elevarán a la nube, dejando atrás al incrédulo, al enemigo o al desprevenido. El enemigo permanecerá en el reino caído de la tierra sin disfrutar del reino de la unidad espiritual y física

262. Isaías 66:1

en Gan Eden. El Jardín puede ser un reino debajo del Trono, sin embargo, es más alto que el mundo natural y el Seol (infierno). Al igual que los ángeles, aquellos que son resucitados a Gan Eden disfrutan de la capacidad de moverse entre los reinos naturales y sobrenaturales de la tierra, a diferencia de aquellos que son relegados a permanecer al nivel de los "pies."

Así que son las "mujeres" las que reciben a sus muertos de vuelta por resurrección,[263] pero en Hebrón, Sara oró y murió por una resurrección mejor incluso que la de su propio hijo Isaac. Ella tenía fe en la resurrección de un Mesías, Yeshúa. De esa fe brotó el agua que abastecería al Sumo Sacerdote del Templo. Sus oraciones, servicio e incienso surgían en Yom Kippur de las diversas estaciones simbólicas del Templo que reflejaban cómo la expiación por el pecado estaba ocurriendo simultáneamente en el Cámara Superior del Trono. Yeshúa encarnaba tanto la salvación de la muerte como el servicio del perdón de los pecados.

Ein Eitam significa "manantial de la guarida del pájaro." Aunque se desconoce exactamente cómo la tradición judía acuñó la frase, el Palacio del Mesías en el Jardín Inferior se llama Kan Tzippor, o el Nido de Pájaro. Tal vez el antiguo acueducto de la guarida del pájaro es un misterioso código geográfico que conecta la fe de la resurrección de Hebrón con el lugar de nacimiento del Mesías Yeshúa en Belén con el Palacio del Mesías en el Monte del Templo.

---

263. Hebreos 11:35

Ein Eitam en Hebrón fluye hacia

Belén y luego a

El Templo de Jerusalén

15

RESPETO A LOS MUERTOS

La muerte de Nadab y Aviú en Levítico 10 proporcionó instrucciones importantes para la muerte, entierro y duelo. A pesar de la muerte de ambos hijos y hermanos, a Aarón, Itamar y Eleazer no se les permitió salir del Mishkán[264] porque el aceite de la unción todavía estaba sobre ellos. No se les permitía: 1) dejarse el pelo suelto, 2) rasgarse la ropa o 3) lamentarse, llorar.

Estos son rituales de duelo establecidos para las siete clases de personas que uno está obligado a llorar: padre, madre, hermano, hermana, hijo, hija, esposo. Podemos llorar por más de esas siete relaciones requeridas, pero se requiere llorar por esas siete. Toda la congregación de Israel lloró por Moisés y Aarón. Puede agregar más, pero no disminuir.

En el judaísmo moderno, esos rituales se observan durante shiva (siete días) y períodos de treinta días. Cuando se recibe la noticia de la muerte, se hace un pequeño corte en el cuello y se hace una rotura simbólica. El cabello no se corta durante este período. El doliente puede guardar silencio, como Aarón, o puede hablar y llorar, lo que sea que decida hacer.

Aarón, sin embargo, no podía soportar comer la

264. Tabernáculo

ofrenda por el pecado:

> ... pero a mí me han sucedido estas cosas, y si hubiera yo comido hoy del sacrificio de expiación, ¿sería esto grato a Jehová? Y cuando Moisés oyó esto, se dio por satisfecho.[265]

Aunque se le exigía mantener la dignidad exterior porque el aceite de la unción inaugural todavía estaba sobre él, el dolor interior y silencioso de Aarón le impidió comer la ofrenda por el pecado en el lugar santo. De hecho, incluso el israelita promedio tenía que garantizar que su ofrenda de Sucot no se recogiera mientras él estaba en un estado de luto, porque era muy santo:

> No he comido de ello en mi luto, ni he gastado de ello estando yo inmundo, ni de ello he ofrecido a los muertos;[266]

No importa cuán exaltada o baja sea la posición de uno, la muerte de un ser humano debe ser tratada con respeto. Los muertos todavía tienen una conciencia aunque esté separada del cuerpo. El espíritu sigue perteneciendo al Creador. A Aarón se le permitió llorar en silencio por sus hijos y evitar comer la ofrenda por el pecado. Moisés se aseguró de que los hijos de Aarón fueran llorados adecuadamente por todo Israel:

> Pero tus hermanos, toda la casa de Israel, se lamentarán por el incendio que el Señor ha provocado.

El luto y el entierro respetuoso es una obligación importante de los vivos para con los difuntos. Estas cortesías esenciales de la muerte ayudan al doliente a completar los períodos de luto de siete y treinta días que lo ayudan a pasar a períodos de

265. Levítico 10:19-20
266. Deuteronomio 26:14

duelo menos intensivos en el alma de una manera saludable. Seguir como si nada hubiera pasado no es una opción. El alma (nefesh) es apetitos, emociones, deseos e intelecto. Debido a que es la fuerza vital[267] de un ser humano, es muy poderosa para controlar el comportamiento humano, y uno pasa toda una vida enseñando al nefesh a someterse a la autoridad del ruaj (espíritu).

El Padre Celestial creó a los seres humanos; por lo tanto, estableció formas de abordar el poder del alma, incluso en el duelo. El dolor es una emoción tan poderosa que supera todo lo demás durante un tiempo. Esta es la razón por la que uno no puede recoger su diezmo de Sucot en un estado de luto. Supera el beneficio espiritual previsto de prepararse para regocijarse con él. El dolor incontrolado puede apoderarse de la vida y robar la vitalidad y la alegría previstas del ser humano.

También puede causar angustia a los mismos difuntos por los que uno llora excesivamente, quienes, de acuerdo con la parábola de Yeshua sobre el Hombre Rico y Lázaro,[268] todavía tienen conciencia de su familia en la tierra. Cuando los vivos persisten en las transgresiones, los muertos pueden darse cuenta de ello. La mejor conmemoración para los muertos es vivir una vida de transformación espiritual y obediente a la Palabra. A los difuntos no les gustan los tatuajes, las sesiones de espiritismo o las fiestas de borrachos para celebrar sus vidas. Ellos no quieren que se les pida que tomen el lugar de Yeshúa como un intercesor por el pecado.

¿Estar de luto, llorar, permanecer en silencio o hablar cálidamente del difunto? Sí. Las Escrituras establecen estas cosas. ¿Recordar en voz alta sus actos de fe? Sí. Las Escrituras establecen estas cosas.

El duelo debe ser controlado durante un período definido de duelo, y luego se calma gradualmente

267. La vida (Nefesh) esta en la sangre

268. Lucas 16:19-31

"como un niño destetado."[269] Los recuerdos, e incluso los arrepentimientos, se convierten en parte del crecimiento personal y de la contemplación interior. Irónicamente, una vez que el duelo comienza a funcionar en su papel definido, incluso los recuerdos amargos pueden endulzarse con el tiempo. En el duelo, el individuo busca respuestas y, en muchos casos, no hay respuestas. Sin embargo, con el tiempo, las preguntas sobre la vida de la persona fallecida, e incluso el modo o la hora de la muerte, se responden en el interior. No se trata tanto de una resolución consciente, sino de una entendida en el nivel superior del espíritu, o neshamah.

Una forma de recordar a los muertos es rezar Kadish en su honor, que es una oración, hasta un año después de su muerte. Es la manera judía de decir, como lo hizo Job:

> y dijo: Desnudo salí del vientre de mi madre, y desnudo volveré allá. Jehová dio, y Jehová quitó; sea el nombre de Jehová bendito.[270]

Una forma de la oración dice así en español:

> Magnificado y santificado sea su gran nombre en el mundo que ha creado de acuerdo con su voluntad. Que Él establezca Su reino durante tu vida y durante tus días, y durante la vida de toda la casa de Israel, incluso rapidamente y pronto, y diga amén.
>
> Que su gran nombre sea bendito por siempre y por toda la eternidad.
>
> Bendito, alabado y glorificado, exaltado, elogiado y honrado, magnificado y alabado es el Nombre del Santo, bendito es Él,

269. Salmo 131:2
270. Job 1:21

aunque está muy por encima de todas las bendiciones y canciones, alabanzas y consuelos que se pronuncian en el mundo. Y decir amén.

Que el que hace la paz en sus lugares altos, haga la paz con nosotros y con todo Israel, y diga amén.

Recitar el Kadish para honrar la memoria de los muertos es muy intenso emocionalmente en los primeros días y semanas. Con el paso de los meses, el doliente se da cuenta de que todavía hay un nudo en el corazón o humedad en los ojos, pero gradualmente una dulce tristeza llena los lugares del horrible dolor y el vacío. El Ruaj HaKodesh (Espíritu Santo) cose esos lugares desgarrados de donde la presencia del ser amado ha sido arrancada del alma.

Hay pasajes significativos en el Kadish que santifican el Nombre del Santo:

Magnificado y santificado sea Su gran Nombre en el mundo que Él ha creado de acuerdo a Su voluntad...

Bendito, alabado y glorificado, exaltado, elogiado y honrado, magnificado y alabado es el Nombre del Santo...

Cuando uno lee la plegaria del Kadish, no es fácil al principio ver qué tiene que ver esa plegaria que glorifica al Padre con el consuelo por la pérdida de un ser querido. Sin embargo, la respuesta de uno a una muerte puede, de hecho, santificar al Santo, como lo afirman las oraciones anteriores. Para encontrar la conexión, puede ser beneficioso examinar lo que sucede cuando no se produce un duelo adecuado por un miembro querido de la familia o un líder nacional. El Kadish es otra forma de una palabra raíz hebrea que significa santidad, kadash. En Éxodo 20, los israelitas acamparon en Cades, un lugar donde el Nombre debería haber sido considerado como santo, kadosh.

Sin embargo, algo horrible sucedió allí:

> Entonces los hijos de Israel, toda la congregación, llegaron al desierto de Zin en el mes primero; y el pueblo se quedó en Cades. Miriam murió allí y fue enterrada allí. No había agua para la congregación, y se reunieron contra Moisés y Aarón.

¿Que es lo que falta entre "... enterrada allí" y "No había agua..."? ¡Luto! ¿Por qué no se le dio al pueblo treinta días de luto por uno de sus líderes? Miriam fue una líder nacional y un consuelo para la naciente nación de Israel. "Todas las mujeres la seguian"[271] De hecho, los sabios dicen que Adonai dio el maná en el mérito de la fidelidad de Moisés, la columna de nube en el mérito de Aarón y la roca de agua en el mérito de Miriam. Un mosaico de la antigua sinagoga representa la roca de Miriam llevando agua a los campamentos de cada una de las doce tribus. Esto, dicen los sabios judíos, es la razón por la que el agua se secó después de la muerte de Miriam, cuando había volado tan libremente en sus viajes. Miriam fue una consoladora, maestra y líder de alabanza para su pueblo:

> Porque yo te hice subir de la tierra de Egipto, y de la casa de servidumbre te redimí; y envié delante de ti a Moisés, a Aarón y a Miriam.[272]

¿Por qué Moisés y Aarón se negarían a llorar y llamar a todo Israel a llorar su muerte? En lugar de consolar a los afligidos israelitas que habían perdido

271. Éxodo 15:20
272. Miqueas 6:4

a una madre espiritual, ¿por qué los insultaban: «Rebeldes... ¿Sacaremos agua de esta roca...?» Piensa en el significado de esa roca. Yeshúa era el maná; Yeshua era el Ángel de la Presencia en la columna de nube (en quien estaba el Sagrado Nombre); Yeshúa era la Roca de agua. Los tres líderes de Israel eran profecías vivientes de Yeshúa, quien suplió todas las necesidades.

¿Tenía sentido, entonces, enojarse y golpear la Roca DOS VECES frente a toda la congregación? La memoria de Miriam y el pecado de Moisés y Aarón están relacionados. Después de todo, Moisés y Aarón conocían y enseñaban rituales de duelo a Israel, que para ellos, se remontaban a Sara, a quien Abraham enterró y lloró. Moisés y Aarón tuvieron el honor de llorar los rituales después de sus muertes, al igual que Nadab y Aviú, a pesar de que todo Israel tenía que realizar los rituales en nombre de Aarón:

> Y viendo toda la congregación que Aarón había muerto, le hicieron duelo por treinta días todas las familias de Israel.[273]

> Era Moisés de edad de ciento veinte años cuando murió; sus ojos nunca se oscurecieron, ni perdió su vigor. Y lloraron los hijos de Israel a Moisés en los campos de Moab treinta días; y así se cumplieron los días del lloro y del luto de Moisés.[274]

Aarón y Moisés fueron honrados con luto nacional, incluso Nadab y Aviú después de que ofrecieron fuego extraño, pero no Miriam. Esto no fue solo un horrible descuido, deshonrando el trabajo y la memoria de Miriam, sino que fue un fracaso en considerar a la Roca como Santa. Moisés y Aarón dijeron: "¿Sacaremos agua de esta roca...?" Lo que brotó no fueron las aguas reconfortantes de Miriam, sino las controvertidas (Meribah), aguas tumultuosas

273. Números 20:29

274. Deuteronomio 34:7-8

de emoción desenfrenada.

Cuando no nos permitimos llorar, esas emociones poderosas se manifestarán eventualmente. Puede ser a través de la ira, depresión, irritabilidad, hipersensibilidad o cualquier número de emociones para las que no podemos encontrar exactamente una razón. Cuando muere un ser querido, llora. Llora apropiadamente, pero llora. Honra la memoria, porque dentro de cada ser humano hay alguna chispa de nuestro Creador. Incluso honrar el cadáver con un manejo y entierro adecuados, ya que una definición contextual de un "filisteo" en las Escrituras es un "abusador de cadáveres."

¿Qué pasaría si ese pariente cercano fuera extremadamente malvado y te maltratara horriblemente? De nuevo, había alguna chispa del Creador en esa persona. Lamenta que la pequeña chispa de santidad haya sido eliminada del mundo, incluso si parece imposible llorar por la persona. Lamenta que el gran potencial de un ser humano se haya desperdiciado en gran medida y se hayan perdido las oportunidades.

Cuando uno lee la plegaria del Kadish, no es fácil al principio ver qué tiene que ver esa plegaria que glorifica al Padre con el consuelo de la pérdida de un ser querido.

> ... bendito es Él, aunque está muy por encima de todas las bendiciones y cantos, alabanzas y consuelos que se pronuncian en el mundo...

Tomando en contexto la despedida deshonrosa de Miriam de sus dos hermanos, comienza a tener sentido. Sí, El Santo está muy por encima de todas las bendiciones, canciones, alabanzas y consuelos pronunciados en el mundo, pero ¿por qué hacerlo de todos modos? Miriam fue una bendición y un canto de alabanza a Israel y de Israel al Santo. ¡Ella hizo eco del Cántico de Moisés en el mar! Deberían haberse pronunciado consuelos a su muerte, pero en lugar de eso, Moisés y Aarón respondieron con palabras como: "¡Rebeldes!" Esta es una palabra que se usa en hebreo, porque la raíz del nombre de Miriam, mara, significa rebelión o amargura.

Si, como Yeshúa enseñó en su parábola, los muertos todavía tienen conciencia de su familia en la tierra, entonces, ¿qué debe haber pensado Miriam mientras hacía su viaje post-mortem con los ángeles? ¿Por qué sus hermanos y la nación no la ayudaron a cruzar a su lugar de descanso de consuelo con el padre Abraham? No es de extrañar que Yeshúa diga: "Mujer, ¿por qué lloras?" y "¡Miriam!" cuando Miriam Magdalena lo ve en el huerto después de la resurrección. ¡Qué hermoso recordatorio para los lectores del Evangelio de Juan!

Las aguas de Gan Edén en Génesis Dos se describen como "dar de beber a todo el jardín." En Juan 7:38, Yeshúa se identificó a sí mismo como estas aguas vivas que daban de beber en la Fiesta de Sucot. El papel de Miriam dentro de Israel era ser una consoladora, una profetisa que animaba a los israelitas a que eventualmente podrían regresar al Jardín, simbolizado por entrar en la Tierra Prometida. Por esta razón, ella merecía honor por el pozo, porque profetizó de la obra de Yeshúa para limpiar a la humanidad de su propio cadáver de pecado que le impedía regresar al Jardín. Ahora tiene sentido por qué fue un error tan grave que Moisés y Aarón no la honraran en la muerte, no solo como un miembro cercano de la familia, sino como una profetisa.

Hay una porción de la Torá llamada "Jukkat", que explica el proceso para mezclar el agua y las cenizas de la vaca roja con el fin de rociar a aquellos que han entrado en contacto con un cadáver. Según el Midrash judío, el pozo de Miriam consistía en doce corrientes de agua, una para cada tribu. El agua brotó del pozo y llenó los doce arroyos, y luego fluyó hacia todos lados para que las 600,000 personas sacaran agua.

Jukkat, específicamente Números 21:16, describe el año 40 de estar en el desierto antes de entrar a la tierra de Israel:

> De allí vinieron a Beer: este es el pozo del cual Jehová dijo a Moisés: Reúne al pueblo, y les daré agua.[275]

Israel viajó a un lugar llamado Be'er – ראב. En hebreo, un be'er es un pozo. Orly (2018) escribe sobre este verso en jukkat:

> Nótese un fenómeno interesante acerca de esta palabra:
>
> וִסְּעוּ, מֵהָר הַגִּתְאָו, סָעָה-תֹא :הָרֵאָב ,רַאֲבָה אִוֵּה ,רֶשֵׁא ,מַר הָוְתִי הֶשֹׁמְל ,אֵסָו
>
> Al comienzo del versículo, la palabra Be'er en hebreo se escribe con la letra 'Heh' al final הָרֵאָב - Be'erah. Esto podría significar 'ha/hacia Be'er', de manera similar a 'HA'BAITAH' - התיבה - a la casa. Pero, por otro lado, puede aludir al aspecto femenino del pozo al tener la letra ה 'Hey' al final de esta palabra. Esto es especialmente llamativo ya que el versículo continúa con:
>
> "... ese es el pozo..." רַאֲבָה אִוֵּה
>
> Aquí la palabra ראב está precedida por el masculino אוה (él) pero las vocales hacen que se pronuncie como איה (ella), ya que existe el

275. Números 21:16

sonido "ee" (vocal 'hirik') debajo de la primera letra ה.

Para simplificar la explicación de Orly de la gramática y la ortografía para aquellos que no pueden leer las letras hebreas, el pozo se describe en el versículo usando tanto el género femenino como el masculino. Esto no introduce confusión de género, sino aplicaciones proféticas que arrojan luz sobre por qué el pozo se atribuyó a la obra profética de Miriam dentro de Israel.

16

ENOC Y ELÍAS

Las tradiciones rabínicas concernientes a Enoc y Elías arrojan algo de luz sobre la resurrección, los ishim, y cómo los seres humanos resucitados encajan en el cuadro. De acuerdo con la tradición rabínica, el hijo del Sunamita era el joven Jonás, a quien Yeshúa cita como ejemplo de su propio marco de tiempo de resurrección. Para una audiencia judía, Yeshúa también habría estado haciendo una referencia a alguien que había resucitado antes, por lo que la "señal de Jonás" es tanto la resurrección como tres días / tres noches.

El juicio de los muertos resucitados es otro tema para otro libro, pero por ahora, basta con entender la afirmación de Yeshúa de que los justos serán como los ángeles, o ishim después de la resurrección, no como Jonás, que habría muerto de nuevo. Se avecina una transformación.

Aunque las Escrituras documentan otras resurrecciones, como la de Lázaro o la del hijo de Sunamita, dos figuras bíblicas que no murieron de la manera en que los humanos normalmente lo hacen, ni resucitaron a un cuerpo físico como Lázaro o Jonás. Enoc y Elías fueron "tomados" porque caminaban con Dios. Elías recibió el servicio en la acera de los carros de Israel, que representa el aspecto guerrero de los seres angélicos.

Miriam profetizó la victoria de los carros celestiales sobre la muerte cantando sobre los carros del Faraón, que representaba el gobierno sobre el Hades, o Abadón.[276] Los carros celestiales acompañan a los "llevados" a los lugares celestiales:

> Y María la profetisa, hermana de Aarón, tomó un pandero en su mano, y todas las mujeres salieron en pos de ella con panderos y danzas. Y María les respondía: cantad a Jehová, porque en extremo se ha engrandecido; ha echado en el mar al caballo y al jinete.[277]

En hebreo, no hay diferenciación entre el conductor de un caballo o el jinete de un caballo, y en el Libro de Apocalipsis, los cuatro jinetes destructivos son liberados para traer juicio a la tierra. Para los justos resucitados, no tendrán poder destructor, porque habrán sido rodeados por los carros de Israel:

> Viéndolo Eliseo, clamaba: ¡Padre mío, padre mío, carro de Israel y su gente de a caballo! Y nunca más le vio; y tomando sus vestidos, los rompió en dos partes.[278]

Después de que Eliseo toma el manto profético de Elías, también le dice a su siervo, que está asustado por los carros enemigos, que observe los carros guerreros del Cielo:

> Y oró Eliseo, y dijo: Te ruego, oh Jehová, que abras sus ojos para que vea. Entonces Jehová abrió los ojos del criado, y miró; y he aquí que el monte estaba lleno de gente de a caballo, y de carros de fuego

---

276. Los siervos del faraón le dijeron: «¿Hasta cuándo nos será este hombre una trampa? Dejen ir a los hombres, para que sirvan al Señor su Dios. ¿No te das cuenta de que Egipto ha sido destruido?" (Éxodo 10:7) "Destruido" es avdah, de la misma raíz hebrea que la construcción del sustantivo para el topónimo Abaddon.

277. Éxodo 15:20-21

278. 2 Reyes 2:12

alrededor de Eliseo.²⁷⁹

Estos carros de fuego transportan a los muertos justos a un reino diferente. De acuerdo con la tradición rabínica, Enoc y Elías se convirtieron en ishim, y ambos aparecen en la expectativa judía de eventos apocalípticos en el Brit Hadashá (Nuevo Testamento). Ambos ocupan un lugar destacado en la derrota de El Asirio, un tipo de anticristo, por los Siete Pastores y los Ocho Príncipes de los Hombres, de acuerdo con las expectativas judías registradas en la liturgia de Janucá.

La genealogía de Enoc tiene una pista. Él era el séptimo desde Adán, y su nombre en hebreo, Chanokh, tiene la misma raíz que Janucá, la Fiesta de la Dedicación de ocho días. Los Siete Pastores: Janucá en la Profecía da información más detallada sobre sus roles en los últimos tiempos. El siete es un número de finalización, y el ocho es un número de nuevos comienzos, especialmente la transformación de lo natural a lo sobrenatural. La tradición judía habla de cielos más altos, y aunque las Escrituras no proporcionan información sobre un séptimo u octavo Cielo, sí especifican el tercer Cielo como "Paraíso," también conocido como Gan Edén, el Jardín del Edén:

> Conozco a un hombre en Cristo, que hace catorce años (si en el cuerpo, no lo sé; si fuera del cuerpo, no lo sé; Dios lo sabe) fue arrebatado hasta el tercer cielo. Y conozco al tal hombre (si en el cuerpo, o fuera del cuerpo, no lo sé; Dios lo sabe), que fue arrebatado al paraíso, donde oyó palabras inefables que no le es dado al hombre expresar.²⁸⁰

El Paraíso está directamente relacionado con Gan Eden, o el Jardín del Edén. Cuando Pablo describe la experiencia, no está seguro de si el "hombre,"

279. 2 Reyes 6:17
280. 2 Corintios 12:2-4

a quien sabemos por otras Escrituras es el mismo Pablo, si estaba dentro o fuera de su cuerpo natural. Él sí "sube," por lo que asciende al tercer cielo del Paraíso, Gan Edén.

Una pieza de instrucción tradicional que puede ayudar al lector a visualizar "subiendo" es la de Adán y Eva en Gan Eden. Se cree que cuando cayeron en pecado, descendieron espiritualmente. Antes de la caída, tenían prendas de vestir de luz, y después de la caída, se les dio pieles semejantes a las de los animales, como se describe en (Génesis 3:21). En la percepción de los comentaristas, un descenso podría ser espiritual, por lo que un ascenso también podría ser espiritual.

> Porque el cuerpo del hombre no es más que una prenda de vestir. Sin embargo, su capacidad de sentir placer y dolor sigue viva, incluso después de que se le haya quitado la cubierta.[281]

Trate de pensar más allá de las direcciones naturales de arriba y abajo, y piense espiritualmente en los diferentes niveles del Cielo vistos por Pablo en su visión. Experimentar cualquier reino del Reino de los Cielos más grande que la tierra natural es ascender, sin embargo, los muertos descienden al Seol. Cada uno representa un nivel mejor que el anterior, por lo que la escalera de Jacob tiene sentido. Vio a los ángeles de Dios ascender y descender a la tierra en Beit El, a la que llama la "Casa de Dios." Los ángeles no necesitan literalmente usar una escalera para subir y bajar, pero la descripción de una escalera humana ayuda al lector a entender que los ángeles subían y bajaban, entrando y saliendo de diferentes reinos del Reino de los Cielos.

Del mismo modo, la construcción del Tabernáculo y el Templo debían elevar espiritualmente a la nación de Israel, y ellos a su vez debían elevar espiritualmente

281. Salanter, 2004 Pg. 95

a las naciones, cada una experimentando algo así como un Reino mejor que la tierra caída en su adoración. Examina las muchas declaraciones que Yeshúa hace concerniente al Reino de los Cielos, y hay un patrón. Yeshúa cree que el Reino está "cerca." Está muy cerca. Algo que está "a la mano" casi se puede tocar o se puede tocar.

Otra frase que Yeshúa usa repetidamente en referencia al Reino de los Cielos es "entrar." Aunque el Reino de los Cielos ya está "cerca" para los seres humanos y "dentro de vosotros," todavía tienen que "entrar" en él, ¡y sólo se entra con una justicia que supera a la de los fariseos! Esa justicia debe ser la justicia de Yeshúa, tanto la justicia externa como la interna, dependiendo del sacrificio de Yeshúa para transformar el corazón para que coincida con las obras externas de obediencia. En el Nuevo Pacto, Yeshúa escribe la Palabra en los corazones para impulsar al ser humano hacia la justicia necesaria para entrar al Reino de los Cielos y ascender.

¿Cómo se relaciona el lugar de entierro de los patriarcas y matriarcas con la entrada al Reino de los Cielos? Yeshúa ofrece una declaración que es bastante indirecto sin el contexto judío del entierro de esas parejas en la entrada de regreso a Gan Edén. Yeshúa dice:

> Y os digo que vendrán muchos del oriente y del occidente, y se sentarán con Abraham e Isaac y Jacob en el reino de los cielos;[282]

Yeshúa hace esta declaración de inclusión, enseñando que hay una justicia del corazón que no depende del pedigrí físico de uno, sino de la respuesta voluntaria al Espíritu Santo para escuchar y obedecer la Palabra. En tal caso, los muertos justos no solo entrarán al Reino de los Cielos, sino que comerán de las muchas delicias que se espera que fluyan y crezcan en el Gan Edén.

282. Mateo 8:11

El hecho de que cenarán con Abraham, Isaac y Jacob, que fueron enterrados a la entrada del Jardín, es la prueba de Yeshúa de que los que vienen del "este y del oeste" tienen un lugar en el Jardín y se reclinan. Reclinarse es una postura de riqueza y libertad del primer siglo, porque los ricos se reclinaban mientras comían, y en la cena anual de la Pascua, todos los judíos se reclinaban mientras comían, lo que significa la riqueza con la que el Padre los sacó de Egipto para ser libres.

17

¿A QUÉ ALTURA VOLAREMOS?

Cuando uno asciende en la Presencia "con el Señor" al grito y la voz del arcángel, esta ascensión no se describe como ocurriendo en una dimensión carente de oxígeno.[283] Podría describir una ascensión espiritual más allá del área limitada del cuerpo físico caído. El incienso de los santos "sube" sin embargo, ¿hasta dónde?

En Jueces, Manoa y su esposa ofrecen un sacrificio cuando reciben la noticia de que darán a luz un hijo, Sansón. El ángel que da la noticia sube en llamas humeantes mientras miran. Considera cómo se disipa el humo. Para el ojo humano, ascender al reino de Gan Edén o a los cielos habitados por ángeles podría ser similar. Al principio, el humo se ha formado y, a medida que se eleva, se evapora de la vista humana, pero el olor de su presencia persiste mucho después de que se disipa. Del mismo modo, un ángel desaparece en el fuego del altar:

> Y Manoa tomó un cabrito y una ofrenda, y los ofreció sobre una peña a Jehová; y el ángel hizo milagro ante los ojos de Manoa y de su mujer. Porque aconteció que cuando la llama subía del altar hacia el cielo, el ángel de Jehová

283. 1 Tesalonicenses 4:16 describe a los santos como arrebatados en el "aer". Aer, en griego, es el aire que se respira normalmente.

284. Jueces 13:19-20

subió en la llama del altar ante los ojos de Manoa y de su mujer, los cuales se postraron en tierra.[284]

285. Apocalipsis 6:9

286. El Cantar de los Cantares de Moisés en Deuteronomio 32:43 promete que la sangre de los siervos de Adonai será vengada de sus enemigos.

287. <?> El Salmo 47:5 dice que el Señor, el Rey, también asciende con un grito. Es posible que tanto el descenso como el ascenso desencadenen un "grito" de anuncio de que Él está cruzando de reino en reino y sometiendo el reino terrenal. Números 23:21 también atribuye un grito al Rey. El grito que acompañó a la caída de las murallas de Jericó anunció la desaparición de las fuerzas oscuras que ocupaban la Tierra Prometida y la llegada de un nuevo Rey de Reyes.

Esto es bastante fantástico, sin embargo, el ángel no desapareció y ascendió a la estratosfera, sino desde el punto más alto de la llama. Las almas justas "debajo del altar" en Apocalipsis claman: "¿Hasta cuándo, oh Señor...?"[285] Claman por la resurrección, que solo puede tomar lugar cuando todo el Cuerpo del Mesías esté preparado para ascender. Mientras tanto, estas almas están separadas de sus cuerpos. Están en un lugar seguro, bajo el altar santo, pero anhelan que su sangre[286] sea vengada en la tierra. Hasta que la última alma sea traída y comience el juicio final, sus cuerpos no pueden ser transformados. Las almas anhelan ese día para que al fin puedan adquirir los cuerpos y las vestiduras de luz en el Gan Edén para prepararse para la próxima ascensión al Padre.

De acuerdo con la tradición judía en fuentes como el Génesis Rabá y el Levítico Rabá, el alma humana (nefesh) permanece muy cerca del cuerpo hasta tres días tratando de volver a entrar en él. Después de eso, cuando el alma renuente ve una grave descomposición de su antiguo hogar, se va con el ángel enviado a recogerla. La resurrección de Lázaro por parte de Yeshúa ocurrió después de que se había pasado este jalón, por lo que era notable para los judíos que Yeshúa pudiera sacar el cuerpo después del gran hedor que se había establecido.

Un giro de frase en Juan 11:43 (RV) es: "Y cuando así hubo hablado, clamó a gran voz: Lázaro, ven fuera." La "voz fuerte" es operativa en la resurrección en 1 Tesalonicenses 4:16 cuando el "Señor mismo descenderá del cielo con voz de mando."[287]

Otra fuente, Pirke de Rabí Eliezer, capítulo 34, comenta en Eclesiastés 12:7 que el ruaj (espíritu) regresa a Dios que lo dio una vez que se completan los siete días de luto después de la muerte. La dificultad, postulan los rabinos, es cuando uno está excesivamente apegado al mundo mortal. Este apego se forma al enfatizar los elogios, placeres o la atención obtenida por las actividades que reflejan dónde reside la verdadera fe de uno. Esos se vaporizarán después de la muerte, y el alma se habrá apegado demasiado a su cuerpo para soltarse alegremente como lo harán los justos. Una antigua descripción de lo fácil que es para un alma justa ser cosechada de su cuerpo por el ángel asignado es "no más difícil que arrancar un cabello de la superficie de la leche."

Un antiguo rabino hablaba del Jardín del Edén como "al revés." Cuando se le pidió que explicara, dijo que lo que es importante en la tierra es de poca importancia después de la muerte. Lo que se consideraba insignificante en la tierra se le da gran importancia en la vida después de la muerte.

Después de esto, hay todo tipo de opiniones sobre lo que sucede a continuación. Suponiendo que el ruaj (espíritu) regresa a Dios, entonces no hay ningún problema real. El Creador simplemente acepta el regreso "tal cual" del uso terrenal, separado del cuerpo y el alma corruptibles (nefesh). El cuerpo se descompone y vuelve a su origen. La verdadera pregunta es qué le sucede al alma, o nefesh. El nefesh es una conciencia que existe más allá de la tumba. Es un manojo de apetitos, emociones, deseos e incluso el intelecto o el razonamiento. Esta es la parte del ser humano justo que espera bajo el altar en Apocalipsis.

Una pista en Apocalipsis es el énfasis en "La Bestia" y "La Mujer." La Mujer Israel es virtuosa, y el signo de su virtud es que su descendencia guarda los mandamientos de Dios y el testimonio de Yeshúa. La mujer adúltera (ramera) es su antítesis, el Israel apóstata que se aparta del pacto de su juventud.[288] La ramera monta una bestia escarlata, o comete

288. Proverbios 2:17 y Ezequiel 16:60

pecado, debido a los deseos de su nefesh.

Un gran sabio judío, Rambán, dice del alma (nefesh): "Es en el alma donde comienza el impulso de hacer el mal. Cuando una persona peca, la inteligencia se va, y por un momento uno se comporta como un animal."[289] Una persona que pasa su vida sometiéndose a su naturaleza inferior del nefesh en lugar de a la naturaleza superior del espíritu divino está "montando la bestia,", o dejando que esos impulsos animales lo lleven.

El hombre rico de la parábola de Yeshúa podía pensar, preocuparse por el futuro y su familia, y sentir un tipo de tormento no relacionado con su cuerpo en descomposición. Esta etapa de la muerte para el nefesh se llama Gehena o Gehinnom en las Escrituras, o a veces Seol y Abadon. Incluso en este reino inferior, la experiencia del alma de la persona justa es marcada diferente, porque Lázaro está disfrutando de una existencia libre de tormentos al otro lado de un abismo que el hombre rico no puede cruzar ni entender. El hombre rico es consciente, pero segregado y confinado.

El lugar post-mortem del alma llamada Gehena generalmente tiene siete nombres:

- Seol, o sepulcro (Génesis 37:35; Jonás 2:2)
- Abadon, o destrucción (Salmo 88:12)
- Beer Shakhat, o Corrupción (Salmo 16:10)
- Bor Sha'on, o el Pozo Horrible y el Tit Ha-Yaven, (Salmo 40:3)
- Tzalmavet, o sombra de muerte (Salmo 107:10)
- •Eretz Ha-Takhtit, o Inframundo (tradición judía)
- Gehinnom, o Lamentación (un valle literal de sacrificios humanos cerca de Jerusalén; usado ampliamente en el Nuevo Testamento)

289. Lieber pg. 596

Según la tradición, este tormento o rectificación del nefesh dura hasta doce meses.[290] Si se trata de doce meses literales, transiciones o épocas de tiempo es objeto de debate, pero los judíos sólo rezan el kadish[291] durante once meses después de la muerte de un ser querido. Se piensa que es de mala educación orar durante los doce meses completos, ya que nadie debería ser tan malvado como para requerir purificación durante los doce meses completos. Es probable que los católicos tomaran prestada la idea del purgatorio y la oración por los muertos de esta tradición, aunque se aparta bastante drásticamente del pensamiento judío.

La parábola de Yeshúa del hombre rico y Lázaro es notablemente similar al pensamiento judío sobre el Gehena:

> ... en ciertos casos, había otras formas de estar exento de los tormentos del Gehena. Por ejemplo, si la vida de una persona estuviera llena de sufrimiento, como en el caso de una persona pobre, una afligida con enfermedades intestinales o una mantenida en cautiverio por un gobierno opresivo, entonces tal persona estaría exenta de 'ver el rostro del Gehena.[292]

El hombre rico de la parábola de Yeshúa tenía una conciencia, o "veía" de Lázaro, el hombre pobre. Vio al otro lado un "gran abismo" entre ellos: "Y además de todo esto, entre nosotros y vosotros hay un gran abismo, de modo que los que quieren pasar de aquí a vosotros no pueden, ni los de allí pueden pasar a nosotros."[293] El Pesikta Rabbati dice en 52:3:

> ¿Por qué el Santo creó el Gehena y el Gan Edén? Para que uno pueda contemplar al otro. ¿Cuánto espacio hay entre ellos? Rabbi

290. Rafael 2009, Pg. 144

291. Oración en memoria de los muertos

292. Eruvin 41b, cita de Rafael 2009, Pg. 144

293. Lucas 16:26

Yohanan dijo: La anchura de un muro. Rabbi Hanina dijo: La anchura de una mano. Pero los rabinos dijeron: Los dos están uno contra el otro.

Si es precisa, la percepción rabínica no es de la materia física, sino de reinos que no pueden ser descritos al ojo humano. Esta puede ser la razón por la que Yeshúa explicó el reino de la muerte en una parábola, porque una parábola explica un concepto espiritual en términos físicos y humanos.

La visión de Juan de las almas justas y martirizadas bajo el altar insinúa que parte de la obra de Yeshúa para liberar a los "espíritus encarcelados" era reunir a las almas justas en el Gan Edén inferior, donde esperarían la resurrección y la reunión de cada espíritu, alma y cuerpo individual en el Cuerpo mayor del Mesías al grito y la trompeta. Este es también el punto de vista judío, porque en el Talmud, Yevamot 57:16, está escrito un pensamiento basado en Isaías 57:16:

> El Hijo de David no vendrá antes de que todas las almas del cuerpo estén completas; ya que se dice: 'Porque el espíritu que se envuelve a sí mismo proviene de mí, y las almas que yo he hecho'.

La creencia es que el "regreso" a Dios "tendrá lugar cuando todas las almas alcancen la finalización. Estas almas están formadas por generaciones[294] pasadas y futuras..." La base para este entendimiento se encuentra en Deuteronomio 30:1-4:

> Sucederá que cuando hubieren venido sobre ti todas estas cosas, la bendición y la maldición que he puesto delante de ti, y te arrepintieres en medio de todas

294. Kahn 202, Pg. 189

> las naciones adonde te hubiere arrojado Jehová tu Dios, y te convirtieres a Jehová tu Dios, y obedecieres a su voz conforme a todo lo que yo te mando hoy, tú y tus hijos, con todo tu corazón y con toda tu alma, entonces Jehová hará volver a tus cautivos, y tendrá misericordia de ti, y volverá a recogerte de entre todos los pueblos adonde te hubiere esparcido Jehová tu Dios. Aun cuando tus desterrados estuvieren en las partes más lejanas que hay debajo del cielo, de allí te recogerá Jehová tu Dios, y de allá te tomará

La profecía del recogimiento comienza con la dispersión de Israel en las naciones. A continuación, los descendientes de Israel "regresan," pero no es tan simple como un regreso físico a un lugar físico. Es un proceso llamado teshuvah, o apartarse del pecado y volver a Adonai y al comportamiento santo. Obediencia con todo el corazón y con toda el alma. El curioso giro de la frase es "tú y tus hijos." Moisés habla a los israelitas que están frente a él y a sus descendientes. Eso implica una colección de todas las almas. Una vez que todas esas almas hayan regresado al pacto, entonces todo Israel será reunido en la Tierra Prometida de Israel. Esto no es solo una inserción aleatoria de frase, porque la misma inclusión de todas las almas está en el comienzo de la profecía de Deuteronomio 29:14-15:

> Y no solamente con vosotros hago yo este pacto y este juramento, [15] sino con los que están aquí presentes hoy con nosotros delante de Jehová nuestro Dios, y con los que no están aquí hoy con nosotros...

Después de la Fiesta de las Trompetas (Rosh Hashaná), o la resurrección que se recoge, viene Yom HaKippurim, que "sella" los decretos de la resurrección de Rosh Hashaná.

El servicio Yizkor, o Recuerdo, de Yom Kippur recuerda a aquellos que se han quedado dormidos, y uno ora para que las almas de sus seres queridos descansen con las almas justas de Abraham, Isaac y Jacob; Sara, Rebeca, Raquel y Lea, así como con las otras almas justas de hombres y mujeres en el Jardín del Edén.[295] Hay poca información específica sobre la Fiesta de las Trompetas en la Torá, pero "sellarla" con el servicio de Conmemoración es apropiado, ya que se llama una fiesta de conmemoración:

> Y en el día de vuestra alegría, y en vuestras solemnidades, y en los principios de vuestros meses, tocaréis las trompetas sobre vuestros holocaustos, y sobre los sacrificios de paz, y os serán por memoria delante de vuestro Dios. Yo Jehová vuestro Dios.[296]

Las ofrendas quemadas en hebrea son olah, que es una resurrección, una ofrenda elevada.

> Habla a los hijos de Israel y diles: En el mes séptimo, al primero del mes tendréis día de reposo, una conmemoración al son de trompetas, y una santa convocación.[297]

> También habló Jehová a Moisés, diciendo: A los diez días de este mes séptimo será el día de expiación; tendréis santa convocación, y afligiréis vuestras almas, y ofreceréis ofrenda encendida a Jehová. Ningún

295. Rollo de Sidur, sefardita Pg. 858-861

296. Números 10:10

297. Levítico 23:24

> trabajo haréis en este día; porque es día de expiación, para reconciliaros delante de Jehová vuestro Dios. Porque toda persona que no se afligiere en este mismo día, será cortada de su pueblo. Y cualquiera persona que hiciere trabajo alguno en este día, yo destruiré a la tal persona de entre su pueblo. Ningún trabajo haréis; estatuto perpetuo es por vuestras generaciones en dondequiera que habitéis. Día de reposo será a vosotros, y afligiréis vuestras almas, comenzando a los nueve días del mes en la tarde; de tarde a tarde guardaréis vuestro reposo.[298]

> Humillaos delante del Señor, y él os exaltará.[299]

Yeshua y su hermano Santiago confirman los días santos de las Trompetas y Yom Kippur como tiempos de humildad y ascensión. Los mártires, las almas bajo el altar, están esperando el tiempo de las Trompetas y las Expiaciones para ser levantados.

Una plegaria judía de Yom Kippur por las almas de los justos es la siguiente:

> Oh Dios misericordioso, que vive en lo alto, concede un descanso adecuado en las alas de la Divina Presencia, en los elevados niveles de los santos y los puros, que brillan como el resplandor del firmamento, para las almas de los santos y puros que fueron asesinados, asesinados, masacrados, quemados, ahogados y estrangulados por la santidad del Nombre... Que su lugar de descanso esté en el Jardín del

298. Levítico 23:26-32

299. Santiago 4:10

Edén, por lo tanto, que el Maestro de misericordia los cubra al abrigo de Sus alas para siempre; y que Él ate sus almas con el Lazo de la Vida. Hashem es su herencia, y que descansen en paz en sus lugares de descanso...

Según el rollo del sidur, "En las alas de la Presencia Divina" denota elevación espiritual, mientras que "bajo Sus alas" se refiere a la Protección Divina. Las almas bajo el altar en Apocalipsis ya están bajo la protección Divina del Mesías en el "Nido de Pájaro," sin embargo, quieren ascender al Padre en el Jardín Superior con un cuerpo resucitado "en las alas" del Mesías. Para ello, esperan la primera resurrección.

La mayoría de las Biblias en español con subtítulos etiquetan esta sección de las Escrituras como "Mártires":

> Cuando abrió el quinto sello, vi bajo el altar las almas de los que habían sido muertos por causa de la palabra de Dios y por el testimonio que tenían. [10] Y clamaban a gran voz, diciendo: ¿Hasta cuándo, Señor, santo y verdadero, no juzgas y vengas nuestra sangre en los que moran en la tierra? [11] Y se les dieron vestiduras blancas, y se les dijo que descansasen todavía un poco de tiempo, hasta que se completara el número de sus consiervos y sus hermanos, que también habían de ser muertos como ellos.[300]

Lo que sigue a la reunión conmemorativa de la Fiesta de las Trompetas son diez días de reunión final hasta el cierre de las puertas del arrepentimiento y el sellamiento de los mártires en el Yizkor de Yom Kippur. He aquí algunos pasajes del servicio de Yom

---

300. Apocalipsis 6:9-11

Kippur Yizkor:

> Que el Señor se acuerde de las almas de los santos y puros que fueron asesinados, asesinados, asesinados, quemados, ahogados y estrangulados por la santificación del Nombre, porque, sin hacer voto, daré a la caridad en su nombre.
>
> Como recompensa por esto, que sus almas estén atadas en el Vínculo de la Vida, junto con las almas de Abraham, Isaac y Jacob; Sara, Rebeca, Raquel y Lea; y junto con los demás hombres y mujeres justos en el Jardín del Edén.

Estas oraciones tienen sentido, ya que diez días después de Rosh Hashaná es la apertura del Sexto Sello, que representa Yom Kippur, también la sexta fiesta de Israel. Cuando esas puertas de Yom Kippur se cierran, comienza la ira del Cordero para los no arrepentidos, quienes son descritos como "higos tardíos":

> Miré cuando abrió el sexto sello, y he aquí hubo un gran terremoto; y el sol se puso negro como tela de cilicio, y la luna se volvió toda como sangre; y las estrellas del cielo cayeron sobre la tierra, como la higuera deja caer sus higos cuando es sacudida por un fuerte viento. Y el cielo se desvaneció como un pergamino que se enrolla; y todo monte y toda isla se removió de su lugar. Y los reyes de la tierra, y los grandes, los ricos, los capitanes, los poderosos, y todo siervo y todo libre, se escondieron en las cuevas y entre las peñas de los montes; y decían

a los montes y a las peñas: Caed sobre nosotros, y escondednos del rostro de aquel que está sentado sobre el trono, y de la ira del Cordero; porque el gran día de su ira ha llegado; ¿y quién podrá sostenerse en pie?[301]

Los higos tardíos son más pequeños y menos vigorosos que la primera cosecha. Al igual que los seres humanos que malgastan el tiempo persiguiendo esas cosas mundanas "al revés", los higos tardíos no formaron un fuerte apego al Árbol de la Vida. Cuando llega un fuerte viento otoñal, se los llevará las hojas de higuera. El cielo se retira como un pergamino cuando se enrolla, lo que sugiere que las últimas palabras de la Torá han sido leídas en su ciclo. El Libro de Deuteronomio activa 98 maldiciones sobre los que no se arrepienten. Esas maldiciones deben completarse, y el pergamino se enrolla y debe volver a rodar hasta el principio.

En el Libro de los Números, el malvado Balac "se mantuvo" junto a su olah, las ofrendas de resurrección, pero cuando comienza la Ira del Cordero, nadie puede pararse o ascender junto a un altar de maldad impenitente.

Después de la purga del mal del alma, asciende al Gan Edén, o el Jardín Inferior. [302]

Tampoco queremos, hermanos, que ignoréis acerca de los que duermen, para que no os entristezcáis como los otros que no tienen esperanza. Porque si creemos que Jesús murió y resucitó, así también traerá Dios con Jesús a los que durmieron en él. Por lo cual os decimos esto en palabra del Señor: que nosotros que vivimos, que habremos quedado hasta la

301. Apocalipsis 6:12-17

302. Rafael Pg. 145

venida del Señor, no precederemos a los que durmieron. Porque el Señor mismo con voz de mando, con voz de arcángel, y con trompeta de Dios, descenderá del cielo; y los muertos en Cristo resucitarán primero. Luego nosotros los que vivimos, los que hayamos quedado, seremos arrebatados juntamente con ellos en las nubes para recibir al Señor en el aire, y así estaremos siempre con el Señor. Por tanto, alentaos los unos a los otros con estas palabras. (1 tesalonicenses 4:13-18)

Si los justos muertos ya están en Gan Edén, como el ladrón cuya fe arrepentida fue recompensada con el Paraíso por Yeshúa en la cruz, entonces esto explica la declaración de Pablo a los tesalonicenses. Los que están "vivos y permanecen" no pueden preceder a los que están "dormidos." Es sólo el cuerpo el que está dormido, pero el espíritu y el alma están muy vivos, esperando el despertar del cuerpo. El espíritu y el alma están "despiertos, vigilantes," así como las flores doradas de la menorá simbolizan a los que resucitan a la vida. Esas almas han estado vigilantes de la Luz de la Torá y se han ofrecido a sí mismas como lámparas por los mandamientos de Dios.[303]

Uno puede comparar el sueño de la muerte con el sueño. Al subconsciente, que es suprimido durante el día y bombardeado con ruido sensorial, se le permite hablar. Los profetas de las Escrituras a menudo recibían la profecía en sueños y visiones. Los sabios judíos dicen que el sueño es como 1/60 de la muerte. Un pensamiento extraño, sin duda, pero que ayuda a enmarcar lo que es el sueño. Yeshúa enseñó en una parábola que la conciencia existe incluso en el sueño de la muerte.

303. Proverbios 6:23

El sueño no es inconsciencia en todos los niveles; El cerebro está vivo y activo, procesando eventos y desfragmentándose. Hasta cierto punto, es pensar, pero pensar a un nivel más espiritual, lo que se conoce como neshamá. La neshamá a veces se usa indistintamente en las Escrituras con el ruaj, o espíritu. Si bien el cuerpo generalmente no responde a estas actividades (aunque puede resultar en sonambulismo, hablar o movimiento corporal), todos entienden cuán vívidos y reales son los sueños.

Aunque una persona percibe un sueño como largo o recurrente a lo largo de la noche, los científicos que miden las ondas cerebrales dicen que un sueño dura solo milisegundos.

Tal vez lo que los sabios están diciendo es que la experiencia de soñar es una pequeña muestra de cómo es la conciencia en la muerte. Podemos sentir, pensar, ver, oír y saborear, pero sin la cooperación del cuerpo físico. Debido a esto, el hombre rico de la parábola tenía sed de una gota de agua en su lengua, aunque no tenía lengua. Era un tormento de sed del alma, describiendo lo que es estar separado de los ríos del Edén y de los ríos de agua viva, el Espíritu Santo.

En los sueños, a menudo uno se siente atrapado, incapaz de hacer que el cuerpo responda gritando, corriendo u otras acciones. A veces uno es incapaz de impedir que el sueño se repita. Los que están "dormidos" en Yeshúa pueden ser capaces de experimentar este estado de vivacidad sin la sensación de impotencia, porque los que se consideran justos son vestidos por el ángel que los escolta con una "túnica" que es suficiente para una forma corporal hasta la resurrección.

Sin la "forma" que toma el lugar del cuerpo postmortem, un regalo para los muertos justos, una persona malvada experimenta el sueño de la muerte como sus ídolos, que en última instancia es gobernar la vida de uno de acuerdo con la voluntad propia en lugar de la voluntad de Dios. Los ídolos de la antigüedad no eran más que seres que exhibían las mismas cualidades que los seres humanos con toda su maldad y su bien, pero con superpoderes como los héroes de los cómics:

> Los ídolos de ellos son plata y oro,
> Obra de manos de hombres.
> Tienen boca, mas no hablan;
> Tienen ojos, mas no ven;
> Orejas tienen, mas no oyen;
> Tienen narices, mas no huelen;
> Manos tienen, mas no palpan;
> Tienen pies, mas no andan;
> No hablan con su garganta.
> Semejantes a ellos son los que los hacen,
> Y cualquiera que confía en ellos.[304]

La idolatría es adoración a uno mismo, porque los dioses son meras imágenes de la humanidad: mezquinos, celosos, promiscuos, intrigantes, codiciosos y nunca apaciguados. Adorar los deseos de la propia alma, ya sea en forma de imágenes reales formadas o permitiendo que los apetitos del alma gobiernen el espíritu de uno, es idolatría. El humano malvado en la muerte experimenta la conciencia no correspondida del alma, pero sin una forma que satisfaga todos esos impulsos. Un alma muerta malvada se da cuenta de que, debido a su auto-adoración, dio el uso temporal de un cuerpo humano a los demonios. Aparte de su cooperación, esos demonios eran solo seres intangibles, incapaces de experimentar la tierra física sin un anfitrión. Ahora el malvado se ha vuelto como ellos.

Al grito que anuncia el movimiento entre los reinos del Gan Edén y la tierra caída, los muertos "en Cristo" resucitarán primero porque sus espíritus y almas ya están en el Gan Edén. Esto es consistente con

304. Salmo 115:4-8

la expectativa rabínica de que al final de los días hay una resurrección colectiva tanto del cuerpo como del alma de los muertos.[305] Los cuerpos de luz transformados ascenderán primero para reunirse con el alma y el espíritu en el Jardín. A medida que el Señor "desciende" con un grito por aquellos que están vivos y permanecen, ellos también ascienden al Gan Edén para unirse a los justos con cuerpos transformados. Tal vez los que están vivos en la resurrección necesitan menos tiempo para una transformación corporal porque hay más con qué trabajar, por lo que siguen a los que ya estaban dormidos.

Hay mucho más que decir sobre las muchas "habitaciones" a las que uno puede estar asignado en esta etapa, pero es imposible abarcarlo todo. Tal vez la especulación rabínica en el Midrash sobre el Salmo 11:7 de siete clases dentro del Gan Edén ayude al lector a visualizarlo:

- la primera clase se sienta en compañía del Rey y contempla Su presencia
- el segundo habita en la casa del Rey
- el tercero sube a la colina para encontrarse con el Rey
- el cuarto está en la corte del Rey
- el quinto está en el Tabernáculo del Rey
- el sexto está en la colina sagrada del Rey
- la séptima está en el palacio del Rey

Estas son descripciones crípticas, pero otras fuentes dan descripciones más vívidas. Rafael graba de Yalkut Shimoni, Bereishit 20[306] una hermosa imagen de Gan Eden. Cuando llega el muerto justo, se le da un manto blanco de las nubes de gloria, y sobre su cabeza se colocan dos coronas, una de oro y otra de piedras preciosas y perlas. Se le colocan ocho arrayanes en la mano y se le dice que vaya a comer su comida con alegría. Va a un lugar lleno de arroyos y ochocientas variedades de rosas y arrayanes.

305. Rafael Pg. 162
306. Pg. 153-154

Cada persona tiene una cámara de acuerdo con el nivel de honor, y hay ríos de vino, leche, bálsamo y miel. Hay muchas especies de árboles en cada rincón de Gan Eden, y el Árbol de la Vida está en el centro con sus ramas cubriendo todo el Jardín. Sobre el Árbol de la Vida están las nubes de gloria, y despide un perfume por todo el Jardín. Hay siete moradas enumeradas en el Seder Gan Edén, y en cada una hay una mujer justa que enseña la Torá: Batyah, hija del Faraón, Yojeved, madre de Moisés, Miriam, hermana de Moisés, Hulda la Profetisa, Abigail, la esposa de David, y más allá de este punto, las matriarcas, Sara, Rebeca, Raquel y Lea.[307]

En una fuente, aquellos que entran en el Gan Edén pasan por cuatro transformaciones a través de su experiencia de aprendizaje. Al entrar, el individuo justo se transforma en un niño y saborea las alegrías de la infancia.[308] Esto se correlaciona con la declaración de Yeshúa a sus discípulos:

> Y le presentaban niños para que los tocase; y los discípulos reprendían a los que los presentaban. Viéndolo Jesús, se indignó, y les dijo: Dejad a los niños venir a mí, y no se lo impidáis; porque de los tales es el reino de Dios. De cierto os digo, que el que no reciba el reino de Dios como un niño, no entrará en él. Y tomándolos en los brazos, poniendo las manos sobre ellos, los bendecía.[309]

En otro pasaje, la declaración de Yeshúa es igualmente fuerte:

> y dijo: De cierto os digo, que si no os volvéis y os hacéis como niños, no entraréis en el reino de los cielos.[310]

Las cuatro transformaciones que se esperan en el

---

307. "Cuando la Torá fue dada por primera vez, la tradición judía dice que fue enseñada primero a las mujeres. Está escrito: 'Así dirás a la casa de Jacob' – las mujeres – 'y se lo dirás a los hijos de Israel' (Éxodo 19:3)". (Kaplan, p. 59)

308. Rafael pg. 187

309. Marcos 10:13-16

310. Mateo 18:3

judaísmo tienen mucha validez cuando se ven en relación con la enseñanza de Yeshúa sobre cómo se entra en el Reino. Hay tres transformaciones más asociadas con el Gan Edén que representan las etapas naturales de la vida humana, sin embargo, se enfatizan los atributos positivos de esas etapas, no los negativos. Por ejemplo, la vejez no es un tiempo de senilidad y debilidad, sino de la gloria de la sabiduría alcanzada. Las tres transformaciones que se esperan en el Jardín son la infancia, la adultez temprana, la adultez y la vejez.

¿La moraleja de esta historia? No importa lo que un individuo piense que sabe acerca de las Escrituras, debe tener la humildad de un niño para entrar en este Jardín y ser instruido como si no supiera nada.

Como un lugar de espera hasta la resurrección, la tradición judía habla del "manojo de vida" para los justos, que se toma de 1 Samuel 25:29. Este manojo de almas justas se mantiene a salvo bajo el Trono de Gloria. No se sabe con certeza cómo se relaciona este manojo de almas vivientes con el patrón que sostiene el Gan Edén, a menos que de alguna manera el Jardín inferior esté ubicado debajo del Trono de Gloria.

18

LOS JUSTOS Y LOS INTERMEDIOS

En el judaísmo, hay tres clases de personas en el Trono del Juicio: los justos, los intermedios y los malvados. Yeshúa alude a estas tres clases en su advertencia a la Iglesia de Laodicea en Apocalipsis. La progresión de los juicios post-mortem es demasiado completa para abordarla en este libreto, por lo que, por motivo de la simplicidad, se explica un resumen de la expectativa rabínica en los siguientes párrafos.

Los justos no experimentan el tormento del Seol. Están en el "seno de Abraham" y "reunidos con su pueblo" en Gan Edén, y esto se experimenta inmediatamente después de la muerte. Esto se distingue de las recompensas en el Olam Haba, o el Mundo Venidero después de la resurrección y el Reino del Mesías.

Los malvados y los intermedios descienden al Seol. Los intermedios, o "tibios"[311] como Yeshúa los llama, son purificados y experimentan tormento hasta por doce meses, pero el arrepentimiento puede acortar el plazo. Pueden entonces ascender a Gan Edén, pero

> ... Su experiencia posterior en la vida después de la muerte no es de ninguna manera tan excelsa y

311. Apocalipsis 3:16

dichosa como la de los justos. A tales pecadores, incluso después de que salen del Gehena, se les concede un reposo post-mortem de un grado menor, es decir, por debajo del de los justos, de ahí la frase 'a los pies de los justos.[312]

Esta frase "a los pies de los justos" tiene una frase similar en el libro de Apocalipsis:

> Esto dice el Santo, el Verdadero, el que tiene la llave de David, el que abre y ninguno cierra, y cierra y ninguno abre: Yo conozco tus obras; he aquí, he puesto delante de ti una puerta abierta, la cual nadie puede cerrar; porque aunque tienes poca fuerza, has guardado mi palabra, y no has negado mi nombre. He aquí, yo entrego de la sinagoga de Satanás a los que se dicen ser judíos y no lo son, sino que mienten; he aquí, yo haré que vengan y se postren a tus pies, y reconozcan que yo te he amado.[313]

Es muy importante que el lector entienda quién era la "sinagoga de Satanás" en el primer siglo. De lo contrario, el significado del pasaje será sesgado y se volverá antisemita, lo cual ni el Padre, Yeshúa, ni Juan tolerarían. Para una explicación completa de la sinagoga de Satanás, consulte el libro BEKY, Fariseo: Amigo o enemigo del autor.

En pocas palabras, la sinagoga de Satanás fue específicamente la escuela farisaica del primer siglo de Shammai, que rechazó la inclusión de conversos de las naciones. Fue llamada la sinagoga de Satanás por la escuela farisaica de Hillel, de la cual Pablo era miembro. La secta farisea de Hillel abrazó a los gentiles conversos que querían ser incluidos

312. Rafael Pg. 266-267

313. Apocalipsis 3:7-9

en la nación de Israel, y rechazaron el orgullo de los Shammaiitas, o la "sinagoga de Satanás" que condenaría a los gentiles eternamente al Seol. Para Pablo y la Escuela de Hillel, excluir a los gentiles conversos era una posición muy poco judía.

La hipocresía y el egoísmo de aquellos que querían excluir a los gentiles justos resulta en que su experiencia en el Jardín se vea reducida en calidad. En lugar de la posición alta ("rica") a la que creían tener derecho, la sinagoga de Satanás experimenta una especie de pobreza, o posición baja a los pies de aquellos que sólo aparentemente estaban empobrecidos antes de la muerte. Estos humildes, pero fieles, discípulos descubren que una vez que entran en el Jardín, se les da la rica posición a la que los soberbios creían que tendrían derecho.[314] De hecho, a los justos se les dan dos coronas, una de las cuales se menciona en la otra referencia a la sinagoga de Satanás:

> El primero y el postrero, el que estuvo muerto y vivió, dice esto: Yo conozco tus obras, y tu tribulación, y tu pobreza (pero tú eres rico), y la blasfemia de los que se dicen ser judíos, y no lo son, sino sinagoga de Satanás. No temas en nada lo que vas a padecer. He aquí, el diablo echará a algunos de vosotros en la cárcel, para que seáis probados, y tendréis tribulación por diez días. Sé fiel hasta la muerte, y yo te daré la corona de la vida. El que tiene oído, oiga lo que el Espíritu dice a las iglesias.[315]

Otra enseñanza rabínica es que "cada alma experimenta el estado de conciencia que ha desarrollado durante la vida en el plano físico." Yeshúa hace algunas declaraciones afirmativas con respecto a esta creencia:

---

314. El lector recordará la advertencia de Yeshúa de no elegir el mejor lugar en una mesa, no sea que el dueño del banquete lo mueva a uno más bajo. En cambio, uno debe tomar una posición más baja y permitir que el maestro lo mueva más alto. En Lucas 11:43, Yeshúa se dirige a la mentalidad de Shammai: "¡Ay de vosotros, fariseos! Porque amáis el mejor asiento en las sinagogas y los saludos en las plazas". Yeshúa reitera el peligro de codiciar la piedad de uno y la posición más alta, lo que resulta en una posición más baja en el Reino. Cuando uno se corona a sí mismo en esta tierra, no le queda ninguna corona en el Reino.

315. Apocalipsis 2:8-11

Porque el que se avergonzare de mí y de mis palabras, de este se avergonzará el Hijo del Hombre cuando venga en su gloria, y en la del Padre, y de los santos ángeles.[316]

Esta declaración aparece casi literalmente en Marcos 8:38. Cualquiera que sea la creencia o el sistema de fe que una persona haya establecido antes de la muerte, recibirá una recompensa equivalente, una existencia de la misma clase e, irónicamente, de su elección.

Oí una voz que desde el cielo me decía: Escribe: Bienaventurados de aquí en adelante los muertos que mueren en el Señor. Sí, dice el Espíritu, descansarán de sus trabajos, porque sus obras con ellos siguen.[317]

El que es injusto, sea injusto todavía; y el que es inmundo, sea inmundo todavía; y el que es justo, practique la justicia todavía; y el que es santo, santifíquese todavía. He aquí yo vengo pronto, y mi galardón conmigo, para recompensar a cada uno según sea su obra.[318]

Los sabios judíos se hacen eco de esta advertencia de Juan en Apocalipsis:

Si un hombre sigue una cierta dirección en este mundo, será conducido más en la misma dirección cuando deje este mundo; Como aquello a lo que se apega en este mundo, así es aquello a lo que se encontrará apegado en el otro mundo: si es santo, santo, y si está contaminado, contaminado. Si él se aferra a la santidad, él en lo alto será atraído a ese lado y será hecho un siervo para ministrar

316. Lucas 9:26

317. Apocalipsis 14:13

318. Apocalipsis 22:11-12

delante del Santo entre los ángeles y estará entre esos seres santos. De manera similar, si se aferra aquí a la inmundicia, será atraído allí hacia ese lado y será hecho uno de la compañía inmunda y se apegará a ellos.[319]

Presumiblemente, cualquiera que fuera "intermedio," necesitaría la intervención del Espíritu para romper este ciclo después de la muerte, que antes de Yeshúa, se cumplía en el Seol. Cómo Yeshúa interrumpió esto es un tema de debate, pero Yeshúa tiene la "llave" para aquellos que ya no desean permanecer en estados de inmundicia. Esta sería una actitud de arrepentimiento, y Yeshúa podría abogar para que esta persona tuviera una puerta abierta para entrar a Gan Edén para su reentrenamiento.

Al ladrón en la cruz a su lado, Yeshúa le prometió una puerta abierta al Paraíso, o Gan Edén, "este día." Esta promesa no se basaba en la vida justa del ladrón, sino en la de Yeshúa. El ladrón hace una profesión de culpa, que podemos interpretar como arrepentimiento, y luego hace una acción complementaria, dando a un hombre moribundo una palabra amable en una profesión de fe cuando no había nada más que el ladrón pudiera dar en ese momento. Solo la justicia de Yeshúa podía abrir la puerta de entrada al Huerto para el ladrón arrepentido. El otro ladrón puede representar a los que "todavía hacen el mal" y proceder al castigo.

Para el ladrón arrepentido o cualquier otra persona, Najmánides describe la experiencia de los justos como una elevación o ascenso del alma. Se elevan por "el estudio, y perciben visiones de Dios en compañía de los seres superiores de ese lugar. Alcanzan cualquier [grado de] conocimiento y comprensión que los seres creados puedan lograr."[320] Esto explica cómo alguien que se transforma a

319. Rafael, Pg. 284

320. Rafael, Pg. 267

la cuarta etapa de la vejez ha alcanzado una sabiduría inefable, así como por qué Pablo escuchó cosas en el Tercer Cielo de Gan Edén que no estaba permitido pronunciar en el reino inferior de la tierra natural.

19

EL TÚNEL, LA LUZ Y MÁS ALLÁ

> porque el hombre va a su morada eterna, y los endechadores andarán alrededor por las calles; antes que la cadena de plata se quiebre, y se rompa el cuenco de oro, y el cántaro se quiebre junto a la fuente, y la rueda sea rota sobre el pozo; y el polvo vuelva a la tierra, como era, y el espíritu vuelva a Dios que lo dio.[321]

Muchos de los que tienen experiencias cercanas a la muerte describen un túnel y la luz. Incluso los malvados tienen una experiencia similar a la de los niños pequeños que no han alcanzado una edad de responsabilidad por el pecado, sin embargo, la mayoría describe un túnel y una luz. Si bien hemos examinado muchas fuentes (y hay muchas más para explorar), la mayoría de ellas describen la experiencia del alma después de la muerte. ¿Qué sucede con la neshamá (aliento), que a veces se usa indistintamente con el ruaj (espíritu)?

El regreso de la neshamá a "Dios que la dio" puede explicar la experiencia común. El espíritu de Dios regresaría a su fuente incorruptible. Esto puede experimentarse como ser arrastrado a través de

[321]. Eclesiastés 12:5-7

un túnel hacia una fuente de luz poderosa. Lo que es corruptible debe ir a su castigo o recompensa apropiada mientras se espera la resurrección para el juicio final. Para los malvados, esta sería una segunda muerte, pero esa segunda muerte no tiene poder sobre los justos en Gan Edén.

Los místicos judíos escriben que el alma entra en el Jardín Inferior y toma una semejanza del cuerpo terrenal que se describe como una túnica luminosa.[322] Otro poco de pensamiento rabínico es que en el momento de la muerte, a cada individuo se le da al menos un breve vistazo de la Presencia Divina. Esto también puede explicar la experiencia común reportada de vislumbrar una luz poderosa. Continuar en la Presencia, sin embargo, depende del logro espiritual o aceptabilidad de uno.

Esa tradición de echar un vistazo a los Lugares Celestiales es igualada por otra tradición que describe lo que se conoce como la Inclinación al Mal, o el Yetzer Hara. La Inclinación al Mal es como lo describió el Apóstol Pablo: "Cuando quiero hacer el bien, el mal está presente para estorbarme." Cada ser humano lucha con una inclinación natural hacia el mal que lucha contra el Espíritu de Adonai. El Talmud describe el fin de la Inclinación al Mal de la siguiente manera:

> En el futuro, el Todopoderoso traerá el impulso maligno y lo matará en presencia de los justos y los malvados. A los justos les parecerá como un monte imponente; y a los impíos les aparecerá como un mechón de cabello. [323]

Un rabino explicó la analogía de las dos perspectivas. Para una persona justa que, como Pablo, luchó con la Inclinación al Mal, y que ha ejercido esfuerzo para vencerla, como Yeshúa enseñó a sus discípulos a orar: "Líbranos del Mal..." el Mal vencido aparecerá

322. "Y se les dio a cada uno de ellos un manto blanco; y se les dijo que debían descansar un poco más de tiempo, hasta que se completara también el número de sus consiervos y de sus hermanos que habían de ser muertos como ellos habían sido". (Apocalipsis 6:11.)

323. Sukkah 52a

como una enorme montaña porque reconocen el esfuerzo y la disciplina espiritual que se necesitó para vencer su obra en sus vidas.

Para los malvados, será una fuente de dolor, porque verán que el Mal no era tan poderoso como pensaban. Hicieron poco esfuerzo para vencerlo, a pesar de que muchas transgresiones fueron fácilmente superadas.[324] Las referencias oblicuas de Isaías al rey de Babilonia y a los inicuos en los capítulos catorce y sesenta y seis pueden ser indicios de la identidad de este "hombre" que intimidó a las naciones con su fuerza, sin embargo, se le expone en la tumba como si no tuviera fuerza en absoluto.

> Porque como los cielos nuevos y la nueva tierra que yo hago permanecerán delante de mí, dice Jehová, así permanecerá vuestra descendencia y vuestro nombre. Y de mes en mes, y de día de reposo en día de reposo, vendrán todos a adorar delante de mí, dijo Jehová. Y saldrán, y verán los cadáveres de los hombres que se rebelaron contra mí; porque su gusano nunca morirá, ni su fuego se apagará, y serán abominables a todo hombre.[325]

Jardín Superior

Aunque no está clara la secuencia y relación del Jardín Inferior, el reinado mesiánico, el Jardín Superior y el Olam Haba (Mundo Venidero), se da cierta información en la tradición judía del Jardín Superior. En el Jardín Inferior, la persona justa es enseñada, purificada en las aguas del Gan Edén,[326] y perfumada con las especias de las plantas, preparada como una novia. Después de completar el proceso de purificación en el lugar de preparación del Jardín Inferior, la persona asciende y se le dan nuevas vestiduras necesarias para

324. Salanter 2004, Pg. 203

325. Isaías 66:22-24

326. Para un estudio exhaustivo de los Ríos del Edén, véase el Libro de Ejercicios Cinco del Evangelio de la Creación, Tomo 1.

experimentar las delicias celestiales de la Presencia. El alma se sumerge una vez más en el Río Celestial de Luz y emerge completamente purificada en todos los aspectos para acercarse a la Presencia.[327]

Experiencia posterior a la resurrección

Las Escrituras y la tradición rabínica han dibujado la progresión general de los acontecimientos después de la muerte. Sin embargo, ¿qué hay de la resurrección misma? Aquí es donde la tradición rabínica y el Nuevo Testamento divergen, principalmente en números. En resumen, Rabí Avraham Azulai escribe en Jesed L'Avraham 27a (traducido al inglés por Bar Tzadok, 1993) que:

- Cuando el Mesías venga, vendrá con una reunión de los exiliados de Israel a la Tierra de Israel
- Solo 7,000 Hijos de Israel vivirán en la Tierra de Israel
- Los 7,000 junto con todos los muertos de Israel serán resucitados a la vida ese mismo día en creaciones espirituales con cuerpos espirituales
- Esos cuerpos resucitados serán como los de Adán antes del pecado, como los de Enoc, como los de Moisés, y como los de Elías[328]
- Flotarán en el aire, volando como águilas, y todos los exiliados reunidos serán testigos de ello
- Los muros de piedra de Jerusalén serán destruidos y reconstruidos con piedras preciosas y perlas

Yeshúa y los apóstoles, en cambio, incluyen específicamente a todos los creyentes justos en Yeshúa como participantes en la resurrección de las creaciones espirituales. Tal vez el número 7,000 sea solo simbólico, pero en las Escrituras citadas en la Sección I de este folleto, los justos muertos y vivos que esperan el regreso del Mesías serán arrebatados

---

327. Rafael Pg. 311-312

328. Se pensaba que Enoc y Elías habían sido trasladados a cuerpos de los ishim, la clase de ángeles semejantes a los hombres que vigilan a los seres humanos.

con él en el aire y recibirán cuerpos resucitados. Esto está ampliamente documentado por los apóstoles y escrito para ser un "consuelo," no un terror. De hecho, Juan escribe en Apocalipsis que los justos en número "que nadie podía contar" incluyen a toda "nación, tribu y lengua."[329]

Apocalipsis 20 resume los eventos después de la primera resurrección, que es la resurrección de los justos. La resurrección es la restauración de un ser completo, espíritu, alma y cuerpo, aunque el ser recién resucitado unificado se transforma grandemente de la vida mortal. Él es "como ángeles." Sin embargo, una vez que ocurra la primera resurrección, presumiblemente aquellos que la esperan en Gan Edén recibirán esos cuerpos junto con aquellos "que están vivos y permanecen" en la tierra en la resurrección.

Aquellos que no son contados y reunidos en la primera resurrección deben esperar una segunda resurrección después del reinado de 1.000 años del Mesías. Al final de esa época, la serpiente se suelta por un corto tiempo, y engañará a muchos de los que están vivos en la tierra. Después de una última guerra mundial, la serpiente será arrojada al abismo con la bestia y el falso profeta. Aquí es cuando tiene lugar la segunda resurrección.

Comienza lo que se llama el juicio del Gran Trono Blanco, y se abren los libros:

> Y vi un gran trono blanco y al que estaba sentado en él, de delante del cual huyeron la tierra y el cielo, y ningún lugar se encontró para ellos. Y vi a los muertos, grandes y pequeños, de pie ante Dios; y los libros fueron abiertos, y otro libro fue abierto, el cual es el libro de la vida; y fueron juzgados los muertos por las cosas que estaban escritas en

329. Apocalipsis 5:9, 7:9

los libros, según sus obras. Y el mar entregó los muertos que había en él; y la muerte y el Hades entregaron los muertos que había en ellos; y fueron juzgados cada uno según sus obras. Y la muerte y el Hades fueron lanzados al lago de fuego. Esta es la muerte segunda. Y el que no se halló inscrito en el libro de la vida fue lanzado al lago de fuego.[330]

Todos los que se perdieron la primera resurrección son llevados ante el juez, y los libros son abiertos. Los juicios se asignan y ejecutan de acuerdo con las obras de cada uno, y comienza una nueva era. La era del reinado de 1.000 años del Mesías se transforma en la era del Olam Haba, o el Mundo Venidero, y la Nueva Jerusalén. En este punto, la narrativa de Juan converge con la de Rabí Azulai.

La ciudad de la Nueva Jerusalén es descrita como con nuevas murallas. La descripción del oro y otras piedras preciosas es extensa en Apocalipsis 21:10-27.

La descripción de Rabí Azulai de los israelitas resucitados como "volando como águilas" coincide con la experiencia de los israelitas cuando salieron de Egipto en una especie de paleo-profecía de la resurrección:

> Y Moisés subió a Dios; y Jehová lo llamó desde el monte, diciendo: Así dirás a la casa de Jacob, y anunciarás a los hijos de Israel: Vosotros visteis lo que hice a los egipcios, y cómo os tomé sobre alas de águilas, y os he traído a mí. Ahora, pues, si diereis oído a mi voz, y guardareis mi pacto, vosotros seréis mi especial tesoro sobre todos los pueblos; porque mía es toda la

330. Apocalipsis 20:11-15

tierra. Y vosotros me seréis un reino de sacerdotes, y gente santa. Estas son las palabras que dirás a los hijos de Israel.

Entonces vino Moisés, y llamó a los ancianos del pueblo, y expuso en presencia de ellos todas estas palabras que Jehová le había mandado. Y todo el pueblo respondió a una, y dijeron: Todo lo que Jehová ha dicho, haremos. Y Moisés refirió a Jehová las palabras del pueblo. Entonces Jehová dijo a Moisés: He aquí, yo vengo a ti en una nube espesa, para que el pueblo oiga mientras yo hablo contigo, y también para que te crean para siempre.[331]

El contexto de las alas de las águilas es la entrega de los Diez Mandamientos en el Monte Sinaí. Juan profetiza que a la Mujer de Apocalipsis se le darán las dos alas de la gran águila. Incluso Juan dice que el ángel "me llevó en el Espíritu a un monte grande y alto, y me mostró la ciudad santa, Jerusalén, que descendía del cielo, de Dios, teniendo la gloria de Dios."[322]

Esto debería traer a la mente la enseñanza del apóstol Pablo en Gálatas 4:26 acerca de nuestra Madre Sara, que es de arriba, contra Agar la esclava de abajo: "Pero la Jerusalén de arriba es libre; Ella es nuestra madre." Sara arriba es un símbolo de resurrección en su intercesión por la resurrección de Isaac y su entierro en la puerta de entrada de regreso al Gan Edén. Esto conduce a una Nueva Jerusalén para aquellos que tienen parte en la primera resurrección.

Otro punto de referencia es la promesa de un sacerdocio del reino a Israel. Este Israel "libre" tenía

331. Éxodo 19:3-9

332. Apocalipsis 21:10

la intención de volar en la nube como águilas, pero cayeron en el pecado del Becerro de Oro cuando Moisés se detuvo en la alta montaña. Sin embargo, la promesa del sacerdocio se había extendido con anterioridad a los israelitas que aún estaban arriba. En Apocalipsis, la primera resurrección resulta en un sacerdocio de 1,000 años en la tierra:

> Bienaventurado y santo el que tiene parte en la primera resurrección; la segunda muerte no tiene potestad sobre estos, sino que serán sacerdotes de Dios y de Cristo, y reinarán con él mil años.[333]

La referencia mística judía al Palacio del Mesías como el "nido de pájaros"[334] tiene al menos una correlación simbólica con los fundamentos bíblicos, el rescate y, por lo tanto, la resurrección de Israel. [335]

Yeshúa enseña la segunda resurrección en otro pasaje:

> Porque como el Padre levanta a los muertos, y les da vida, así también el Hijo a los que quiere da vida. Porque el Padre a nadie juzga, sino que todo el juicio dio al Hijo, para que todos honren al Hijo como honran al Padre. El que no honra al Hijo, no honra al Padre que le envió.

> De cierto, de cierto os digo: El que oye mi palabra, y cree al que me envió, tiene vida eterna; y no vendrá a condenación, mas ha pasado de muerte a vida. De cierto, de cierto os digo: Viene la hora, y ahora es, cuando los muertos oirán la voz del Hijo de Dios; y los que la oyeren vivirán. Porque como el Padre tiene vida en sí mismo, así también

---

333. Apocalipsis 20:6

334. *kan ha-tzippor*

335. Rafael Pg. 186

> ha dado al Hijo el tener vida en sí mismo; y también le dio autoridad de hacer juicio, por cuanto es el Hijo del Hombre. No os maravilléis de esto; porque vendrá hora cuando todos los que están en los sepulcros oirán su voz; y los que hicieron lo bueno, saldrán a resurrección de vida; mas los que hicieron lo malo, a resurrección de condenación. (Juan 5:21-29)

La voz, según establecen las Escrituras y la tradición, es el toque de trompeta de Rosh Hashaná, la Fiesta de las Trompetas. Yeshúa da algunos puntos relevantes para nuestro estudio:

- Escuchar y obedecer la Palabra hace que uno pase de la muerte a la vida. Quizás la frase "entrar en el Reino de los Cielos" es equivalente a "en".
- La hora de la resurrección está llegando "y ahora es." ¿Cómo puede ser esto a menos que Yeshúa se esté refiriendo a algo que los justos ya practican, la santa asamblea de Rosh Hashaná?
- Sólo los que "oyen" viven. El contexto para "escuchar" en las Escrituras es obedecer la Palabra, que se encuentra en la declaración de fe israelita y el mandamiento[336] más grande del que dependen todos los demás mandamientos: «Escucha, oh Israel, el SEÑOR tu Dios, el SEÑOR es uno."
- Yeshúa implica que la "resurrección a la vida" es la primera resurrección, y la "resurrección al juicio" es la segunda.

Es infructuoso debatir si algún individuo "escuchó" y "obedeció" la Palabra, porque Yeshúa dice que da vida a quien quiere. Noé fue un hombre "justo en su generación." No se compara a Noé con otra

---

336. Amar al prójimo es la otra "clavija" de la que cuelgan todos los mandamientos.

generación más santa porque la suya fue la más malvada. A Yeshúa se le da la discreción de juzgar a una persona de acuerdo con la situación en la que nació y la Palabra disponible para la persona.

Ishah: ¿Mujer o esposa?

> Vino entonces a mí uno de los siete ángeles que tenían las siete copas llenas de las siete plagas postreras, y habló conmigo, diciendo: Ven acá, yo te mostraré la desposada, la esposa del Cordero.[327]

La palabra hebrea ishah tiene tres significados: mujer, esposa y el nombre de Eva antes de que Adán la rebautizara como Chavah (Eva). Significativamente, tanto los ángeles como el "jardinero" en el evangelio de Juan llaman a María "Ishah." Una mujer tiene una esencia de fuego (esh), ya sea santa o adúltera:

> ¿Tomará el hombre fuego en su seno sin que sus vestidos ardan?
>
> ¿Andará el hombre sobre brasas sin que sus pies se quemen? Así es el que se llega a la mujer[328]
>
> de su prójimo; No quedará impune ninguno que la tocare.[339]

Hay un juego de palabras entre hombre (ish) y mujer (ishah, eshet). Para decir "su esposo" en hebreo, se dice "ishah", uniendo ish (esposo) y ah (sufijo posesivo femenino). La "mujer" (ishah) es en realidad "su marido" (ishah), y por lo tanto quien adúltero no debe separarse lo que es un no ni siquiera lingüísticamente. Hay una unidad y una integridad entre el esposo y la esposa que no deben ser separadas.

337. Apocalipsis 21:9

338. Un sustantivo constructivo de ishah

339. Proverbios 6:27-29

En el texto de Levítico 1:9, un juego de palabras demuestra cómo el hebreo puede incrustar significado en un pasaje. La ofrenda de olah se quema entera, excepto la piel. La piel permanece en la tierra mientras que el resto se quema por completo:

Degollará el becerro delante de Jehová; y los hijos de Aarón, los sacerdotes, ofrecerán la sangre y la rociarán alrededor sobre el altar que está a la entrada de la tienda de reunión. [340]

Luego despellejará el holocausto y lo cortará en pedazos.

Los hijos del sacerdote Aarón pondrán fuego sobre el altar y colocarán leña sobre el fuego.

Entonces los hijos de Aarón, los sacerdotes, colocarán los pedazos, la cabeza y el sebo sobre la leña que está sobre el fuego que está sobre el altar.

Lavará con agua sus entrañas y sus patas.

Y el sacerdote lo quemará todo sobre el altar como holocausto (olah), ofrenda encendida (isheh) de aroma agradable a Jehová.

Apocalipsis 6:9-11 describe a las almas bajo el altar que piden que su "sangre" sea vengada. Esta sangre era parte de su ofrenda olah. Su piel fue "quemada" y dejada en la tierra para la resurrección. Sus partes internas han sido lavadas con agua (por la Palabra) y luego purificadas en fuego (del Espíritu Santo). Un cuerpo judío se prepara para el entierro lavándolo y envolviéndolo. El "aroma tranquilizador" del sacrificio es aceptado en la tradición rabínica como una descripción física de la complacencia del Padre cuando Sus hijos lo aman obedeciéndole.[341]

La pronunciación de las palabras hebreas antes de la inserción de las vocales dependía de conocer el

340. Levítico 1:5

341. Lieber Pg. 589

contexto de la palabra, por lo que isheh (por fuego) habría sido pronunciado correctamente por el lector. Sin las vocales, sin embargo, isheh se puede pronunciar ishah, un juego de palabras entre "por fuego" y "mujer". Ahora bien, tiene sentido por qué un hombre llevaría brasas en su pecho si tomara a la esposa de otro hombre. La santa ofrenda de obediencia se convierte en brasas ardientes para los desobedientes.

Una ofrenda de olah proviene de la raíz "subir," "no solo porque se eleva en humo, sino porque eleva el alma de la persona que realiza este acto.[342] Si queremos que el alma vaya a alguna parte, es hacia arriba. La persona más pobre solo podía traer una paloma para un olah, pero tranquilizadoramente, el Palacio del Mesías en el Jardín Inferior se llama El Nido de Pájaro.

La olah es una imagen de cómo un individuo asciende al Jardín, ya que la raíz alah del Strong (H5930) se usa como algo más que toda la ofrenda quemada, sino también como "subida, escalera, escalones". Volver a vivir en la Tierra de Israel se llama Aliá. Israel representa el Jardín que se cierne justo encima de él, pero fuera de la vista del ojo natural.

---

342. Lieber Pg. 588

LA OFRENDA DE RESURRECCIÓN

En la Sección I, numerosos pasajes de la Torá estaban ligados a las expectativas judías con respecto a la resurrección. En la Sección II, las fuentes judías más tradicionales se cruzaron con las Escrituras. Con todos los temas interrelacionados de la resurrección y al menos una comprensión general del proceso de la muerte, la experiencia después de la muerte, la primera resurrección, el reinado del Mesías y la segunda resurrección, otro pasaje de las Escrituras arroja luz sobre el antiguo altar de sacrificios, Isaac y la resurrección.

Aquí hay algunas palabras del vocabulario hebreo que enriquecen las conexiones:

> Mizbeach
> Kohen
> Olah
> Ofrenda de paz de Shlamim, de la misma raíz que Shalom

Levítico instruye minuciosamente a Israel en los rituales del sacrificio. Un pasaje en particular, Levítico 6:8-13 (6:1-6 en la Biblia hebrea), es un ejemplo de cómo las profecías de la semilla de la Torá enseñan la resurrección:

Habló aún Jehová a Moisés, diciendo: Manda a Aarón y a sus hijos, y diles: Esta es la ley del holocausto: el holocausto estará sobre el fuego encendido sobre el altar toda la noche, hasta la mañana; el fuego del altar arderá en él. Y el sacerdote se pondrá su vestidura de lino, y vestirá calzoncillos de lino sobre su cuerpo; y cuando el fuego hubiere consumido el holocausto, apartará él las cenizas de sobre el altar, y las pondrá junto al altar. Después se quitará sus vestiduras y se pondrá otras ropas, y sacará las cenizas fuera del campamento a un lugar limpio. Y el fuego encendido sobre el altar no se apagará, sino que el sacerdote pondrá en él leña cada mañana, y acomodará el holocausto sobre él, y quemará sobre él las grosuras de los sacrificios de paz. El fuego arderá continuamente en el altar; no se apagará.[343]

343. Levítico 6:8-13

344. Génesis 22:2

345. Los números de los versículos son ligeramente diferentes en la Biblia hebrea: "Entonces derramó un poco del aceite de la unción sobre la cabeza de Aarón y lo ungió para consagrarlo. Entonces Moisés hizo que se acercaran los hijos de Aarón, los vistió con túnicas y los ciñó con cinturones y gorros atados, tal como el Señor se lo había ordenado a Moisés". (Levítico 8:12-13)

346. Romanos 12:1

Para desentrañar más fácilmente las profecías, es necesario saber que Abraham fue instruido a ofrecer a Isaac como una ofrenda olah, que a veces se traduce como "ofrenda quemada completa":

> Y dijo: Toma ahora tu hijo, tu único, Isaac, a quien amas, y vete a tierra de Moriah, y ofrécelo allí en holocausto (olah) sobre uno de los montes que yo te diré.[344]

Regrese al pasaje de Levítico anterior y trate de sustituir la palabra "resurrección" cada vez que vea "ofrenda quemada u holocausto." Esto da un contexto de los principios de la resurrección. Si aún no está claro, aquí hay un estudio línea por línea de una traducción que conserva la transliteración de la ofrenda de olah, el altar (Mizbe'aj) y el sacerdote (Kohen).

Ofrenda Olah Levitico	Comentario
Jehová habló a Moisés, diciendo: "Ordena a Aarón y a sus hijos, diciendo: Esta es la ley de la ofrenda olah:	Aarón es conocido en el judaísmo por su atributo de bondad amorosa y disposición a interceder en nombre de los israelitas cuando pecaron. El servicio de la ofrenda de resurrección se da a un sacerdocio que es heredero de uno conocido por su misericordia: "Ustedes los han hecho un reino y sacerdotes para nuestro Dios; y reinarán sobre la tierra". (Apocalipsis 5:10.)
	La consagración "ha-mishchah" de los sacerdotes en Levítico 8:8 es a través de su unción, "yimshach".³⁴⁵ La raíz hebrea mashach es la raíz de Mashiach, o Mesías, Cristo. Los sacerdotes de la ofrenda de olah son una especie de mesías, que también ordena a sus hijos que se ofrezcan a sí mismos como sacrificio vivo.³⁴⁶
Es la ofrenda de olá que permanece en la llama, en el Mizbeaj, toda la noche hasta la mañana, y el fuego del Mizbeaj se mantendrá encendido en ella.	La ofrenda de resurrección perdura o "permanece" en la llama del Espíritu Santo en el altar de bronce. El primer fuego del altar fue encendido por fuego del Cielo.

El Cohen se vestirá con su túnica de lino ajustada, y se vestirá con el lino Michnasaim sobre su carne;	El sacerdote se viste de lino para atender el fuego de la resurrección. Juan describe a tal persona: "Vi a uno como un hijo del hombre, vestido con un manto que le llegaba hasta los pies, y ceñido sobre su pecho con un cinturón de oro. Su cabeza y sus cabellos eran blancos como la lana blanca, como la nieve; y sus ojos eran como una llama de fuego. Sus pies eran como bronce bruñido,[347] cuando se ha hecho brillar en un horno... Cuando lo vi, caí a sus pies como un muerto. Y puso su mano derecha sobre mí, diciendo: "No temas; Yo soy el primero y el último, y el viviente; y yo estaba muerto, y he aquí que vivo para siempre, y tengo las llaves de la muerte y del Hades". (Apocalipsis 1:13-15; 17-18.)
levantará las cenizas que el fuego consumirá de la ofrenda Olah en el Mizbe'aj, y las colocará junto al Mizbe'aj.	Las "cenizas" son las almas de los justos que son agitadas por el Cohen en el altar para consumir a la "bestia" de la ofrenda olah. Esas cenizas se colocan en la base del altar y luego se trasladan a un lugar puro, el Jardín.

347. En Etz Jaim (p. 598), el comentarista señala que aunque la palabra hebrea kipper (como en Yom Kippur) significa "cubrir, ocultar", la raíz tiene un cognado acadio kuppuru, que significa "limpiar, bruñir, pulir". Para las antiguas culturas del Cercano Oriente, lavar los pies de un huésped puede haber tenido un simbolismo ritual, no solo una obligación de hospitalidad. La tradición rabínica dice que obedecer los mandamientos "pule" al individuo y produce un resplandor de luz.

Se quitará sus vestiduras y se pondrá otras vestiduras,	La analogía es que mientras un siervo prepara la comida del Amo, ensucia sus vestiduras. Cuando está preparado para entrar en la Presencia del Amo para servir la comida, se pone su mejor ropa. Yeshúa tomó la vestidura terrenal de la carne humana, pero volvió a vestirse de la gloria que era suya desde el principio en la resurrección. "Vi debajo del altar las almas de los que habían sido muertos por causa de la palabra de Dios, y por el testimonio que habían tenido; y clamaron a gran voz, diciendo: ¿Hasta cuándo, Señor, santo y verdadero, te abstendrás de juzgar y vengar nuestra sangre sobre los moradores de la tierra? Y se les dio a cada uno de ellos un manto blanco;[348] y se les dijo que debían descansar un poco más de tiempo, hasta que se completara también el número de sus consiervos y de sus hermanos que habían de ser muertos como ellos habían sido". (Apocalipsis 6:9-11.) Aquellos que esperan que el resto de los justos sean añadidos para la primera resurrección son dados
Y llevará las cenizas fuera del campamento, a un lugar puro.	Una vez que los justos mueren, sus "cenizas", que simbolizan el alma purificada, se trasladan al Jardín Inferior, un lugar puro para esperar la resurrección.

348. Rafael cita: "Cuando llegue el momento de que el espíritu deje este mundo... no puede hacerlo hasta que el Ángel de la Muerte se haya quitado la vestidura de este cuerpo. Una vez hecho esto, vuelve a ponerse esa otra prenda en Gan Edén de la que tuvo que despojarse cuando entró en este mundo. Y todo el gozo del espíritu está en ese cuerpo celestial". (pág. 297) 349. Levitico 7:18. 19:5-8 350. La palabra hebrea traducida como "parentela" es "gente." La resurrección incluirá a todo el "pueblo" de uno, o aquellos dentro del Cuerpo del Mesías.	El fuego del Mizbeaj permanecerá encendido en él, no se apagará; y el Cohen encenderá leña sobre ella todas las mañanas;	La purificación de los santos es un proceso continuo y diario. La leña se enciende cada mañana con la oportunidad de ofrecerse a sí mismo como un sacrificio vivo, santo y aceptable. Debido a que el Cohen Yeshúa es un sumo sacerdote misericordioso, sus misericordias son nuevas cada mañana.
	Colocará sobre ella la ofrenda Olah, y hará que las grasas de la ofrenda de paz se conviertan en humo.	La ofrenda quemada continua del sacrificio de la mañana es seguida por el sacrificio de la tarde. Hay una primera y una segunda resurrección: "El resto de los muertos no volvió a la vida hasta que se cumplieron los mil años. Esta es la primera resurrección." (Apocalipsis 20:5.) Junto con la ofrenda de resurrección, una ofrenda de paz, o shlamim, se eleva con ella. Esta no es solo una ofrenda de paz, sino una ofrenda de perfección o finalización. La resurrección vuelve a unir el espíritu, el alma y el cuerpo para completarlos. Significativamente, una ofrenda de shlamim debe ser consumida por completo dentro de tres días. ¡El que come al tercer día es ofensivo, y el que sigue comiendo es considerado culpable![349] El castigo es ser "cortado de su parentela." [350]

Un fuego, continuamente, permanecerá encendido en el Mizbe'aj; no lo extinguirás.	Bienaventurado y santo el que tiene parte en la primera resurrección; la segunda muerte no tiene potestad sobre estos, sino que serán sacerdotes de Dios y de Cristo, y reinarán con él mil años. (Apocalipsis 20:6) Los que entran en la primera resurrección están eternamente encendidos como Aquel que tiene ojos como una "llama de fuego," porque él fue la ofrenda de resurrección, y los justos lo han seguido ofreciéndose a sí mismos también por el Reino.

Norte Escondido

Otro requisito para la ofrenda olah es que debía ser sacrificada en el lado norte (tzafunah) del altar (Levitico 1:11). Este es el lado "oculto," porque tzafon en hebreo también puede significar oculto. ¿Podría la ubicación del árbol de la crucifixión de Yeshúa haber estado ubicada al norte del altar? La matanza de la ofrenda de purificación para un sacerdote también era el lado norte del altar. En estos tipos, tanto la persona resucitada como el sacerdocio son asesinados simbólicamente al norte del altar, o "escondidos." Esto describe la ubicación de las almas "debajo" del altar en Apocalipsis, descansando y escondidas del resto de su gente en la tierra por "un corto tiempo."

> Grande es Jehová, y digno de ser en gran manera alabado, en la ciudad de nuestro Dios, en su monte santo. Hermosa provincia, el gozo de toda la tierra, es el monte de Sion, a los lados del norte, la ciudad del gran Rey. En sus palacios Dios es

conocido por refugio.[351]

Si uno se pregunta qué tan grande es el Jardín Inferior o el Palacio del Mesías, solo podría ser especulación, porque es un reino espiritual que ya está presente, "a la mano". A diferencia de Yeshúa, los creyentes de hoy todavía no pueden moverse a voluntad entre la tierra física y el Reino espiritual, ni pueden "viajar en el tiempo" como Yeshúa o su discípulo Felipe cuando subió al carro del etíope para explicar el rollo de Isaías. Sin intervención sobrenatural, o uno está vivo en la tierra o "entra" en el Jardín Inferior. Algunos de los profetas, y tal vez María en el Huerto, brevemente "entraron." Es posible que Elías y Enoc puedan moverse a voluntad entre los dos reinos.

Si la Cueva de Macpela en Hebrón es la ubicación de la "entrada" al Jardín, y el Monte Sión en Jerusalén es el lado norte del altar, así como el norte de Hebrón, entonces incluso el territorio literal abarca una gran distancia. Hay más de 17 millas desde Jerusalén hasta Hebrón. La ciudad de Efrat[352] (o "Efrata", adyacente a Belén) está a medio camino entre Hebrón y Jerusalén, y Raquel está enterrada en el camino a Efrat / Belén.

Efrat también significa "fecundidad", denotando la Fiesta de los Tabernáculos, pero sorprendentemente, ¡también significa "montón de cenizas"! ¡La resurrección de olah aparece de nuevo! Del montón de cenizas de las almas justas salen los cuerpos resucitados que cruzan el fructífero Río Ardiente hacia el Trono. De hecho, los místicos consideran que las llamas de la ofrenda olah tienen la forma de un león,[353] lo que se cruza con la profecía de Miqueas a Efrat, que es "pequeño entre Judá". Efrat puede ser pequeña o estar "escondida," sin embargo, de su holocausto de inocentes emergió del Trono el León de Judá, que es un fuego consumidor.

Hay otra pista de ofrenda en Levítico, la descripción de la ofrenda de comida. Una porción simbólica de

351. Salmo 48:1-3

352. "Pero tú, Belén Efrata, pequeña para estar entre las familias de Judá, de ti me saldrá el que será Señor en Israel; y sus salidas son desde el principio, desde los días de la eternidad." Miqueas 5:2

353. SECCION 40 – RIO DE FUEGO - NAHAR DINUR. http://www.yeshshem.com/zohar-vayikra-section-40.htm

la ofrenda se retira y se quema en el altar, y luego el resto se hornea en pan sin levadura, o matzá. Esta ofrenda era considerada como la ofrenda de purificación de los sacerdotes, y era solo para que el sacerdocio comiera.

El pan sin levadura acompañó a los hebreos en su éxodo de Egipto, y cada año se come durante siete días en conmemoración de la Pascua. Sin embargo, cuando los hebreos huyeron con sus panes sin levadura, se dieron cuenta de que estaban cubiertos contra el mar:

> Siguiéndolos, pues, los egipcios, con toda la caballería y carros de Faraón, su gente de a caballo, y todo su ejército, los alcanzaron acampados junto al mar, al lado de Pi-hahirot, delante de Baal-zefón.[354]

El topónimo Baal-zefón es una insinuación, ya que significa "Señor del Norte." Si bien es probable que aludiera a un dios egipcio o a un nombre honorífico para el faraón, hay un verdadero Señor del Norte, el Dios de Abraham, Isaac y Jacob. Rescató a los israelitas del faraón, dominando a todos los dioses egipcios y al propio faraón. Los israelitas acamparon frente al Señor del Norte. Los israelitas gritaron a Moisés: «¿Es que no había sepulcros en Egipto por lo que nos has llevado a morir en el desierto?»

Bueno, sí, en realidad Moisés los trajo para que murieran en tumbas en el desierto. Una tribulación en hebreo es un lugar estrecho y estrecho donde no hay lugar para dar la vuelta. Restringe los movimientos. Incluso la palabra Egipto denota tribulación. En hebreo, Egipto es Mitzraim, o "de las tribulaciones."

El Santo de Israel llevó a los hebreos de una tribulación, sirviendo a Faraón, a otra, quedando atrapados entre el ejército de Faraón detrás y el

354. Éxodo 14:9

Señor del Norte delante de ellos. Enfrentarse al peor miedo de uno es un tipo de muerte, como cuando Abraham ofreció a su único hijo como olah. Sin embargo, la olah es un tipo de tumba para la resurrección. ¡Quema todo lo que hay dentro, dejando solo la piel!

> Y el ángel de Dios que iba delante del campamento de Israel, se apartó e iba en pos de ellos; y asimismo la columna de nube que iba delante de ellos se apartó y se puso a sus espaldas.[355]

Tanto el ángel de Dios como la columna de nube se movieron delante del campamento y fueron detrás de ellos para protegerlos durante la noche. Entonces, ¿era Baal-zefón un nombre-lugar, o una característica del ángel de Dios, quien primero estuvo antes que ellos, y luego se movió para bloquear al ejército de Faraón? "Baal" en hebreo no solo significa dios o amo, significa esposo. El juego de palabras implica que el Esposo Oculto guió y protegió a los israelitas a través de su muerte y resurrección.

Mientras que los egipcios creen que los israelitas están atrapados sin remedio, el Esposo Oculto, o Señor del Norte, aprovecha la oportunidad para enviar la salvación a través del viento caliente y ardiente del este que sopló toda la noche,[356] ocultando el milagro como la olah de la tarde que arde hasta la mañana. Por la mañana es otro olah, la travesía del mar, una especie de inmersión a la vida. Las aguas se abren para los hebreos, pero la mano invisible las arrastra de nuevo sobre los egipcios al amanecer.

En la tradición judía, hay un cruce de ríos después de la muerte.[357] Primero, el alma del difunto cruza el Río de la Luz (Nahar Dinur)[358] para entrar en el Jardín Inferior. Una vez más, uno cruza y se sumerge en el Río Ardiente desde el Jardín Inferior hasta el Jardín

---

355. Éxodo 14:19
356. Éxodo 14:21
357. Rafael Pg. 309
358. La primera mención del Río de Fuego se encuentra en el Libro de Daniel, donde se describe como un Trono de "llamas de fuego y ruedas de fuego ardiente" (Daniel 7:9). Daniel ve un Exodonahar dinur: "Un río de fuego salía y salía de delante de Él; con millares y millares sirviéndole, y diez mil y diez mil de pie delante de él."

Superior después de haber sido completamente purificado y enseñado en el Jardín Inferior. La pista se encuentra en la lista de Génesis Dos de los Ríos del Edén.[359] La definición misma de un río (nahar) en hebreo es algo que arde y brilla.

¿Qué río es el Río Ardiente en el que uno se sumerge antes de ascender? Una conjetura educada es el río Perat, llamado Éufrates en el reino terrenal. En hebreo, Perat significa fructífero. En Génesis 2, era el río que salía del Edén Superior y regaba todo el Jardín del Edén (Inferior), abasteciendo a los otros tres ríos que rodeaban el Jardín. O tal vez la inmersión inicial en el Río de la Luz es el Pisón, o el río exterior que rodea el Jardín. Se cree que su contraparte natural es el río Nilo, ya que era junto a sus orillas donde crecía el Pisón, o el lino, para las prendas de lino. Una vez más, esto es especulación, pero las pistas apuntan hacia el Jardín.

---

359. Véase el Libro de Ejercicios Uno del Evangelio de la Creación, Tomo 1, para un estudio exhaustivo de los Ríos del Edén.

21

RÍOS DE AGUA VIVA

La vida de la profetisa bíblica Miriam enseña sobre los ríos del Edén y la esperanza de la resurrección. Miriam cuidaba a su hermanito Moisés en el Nilo, que es el río natural que representa el río más externo del Jardín Inferior, el Pisón. Aunque Miriam sabe que todos los demás niños hebreos que han sido arrojados al Nilo por los egipcios han muerto, tiene fe en que el Dios de Israel puede rescatarlo, por lo que espera. De hecho, Adonai lo hace a través de la mano de la hija del Faraón, quien, al igual que Miriam, se dice que es una de las maestras de Torá en el Jardín Inferior.

Como señala[360] el rabino Fohrman, en este caso en el Nilo, donde la vida de Moisés está amenazada, Miriam "se queda quieta y ve la salvación del Señor." Es un acto de fe estar entre los juncos del Nilo.

Más tarde, toda la nación de Israel es amenazada por todo un ejército egipcio en el Mar de los Juncos,[361] todo un mar lleno de juncos. Miriam ya había predicado con el ejemplo en la fe, y Moisés les dice a los israelitas que se detengan y vean la Salvación del Señor. En la antigüedad, las cañas se utilizaban como instrumentos de escritura y

360. ¿Por qué Moisés golpeo la roca?

361. "Mar Rojo" es una mala traducción de Yam Suf, o Mar de Juncos.

medición. Miriam insinúa que Israel debe tener fe en la Palabra, y cada persona recibe una cierta medida de fe que puede ejercerse en ella. ¡Todo lo que tienes que hacer es pararte y mirar!

Si extendemos la posición de Miriam como una profecía de esperanza en la resurrección, las capas de la fe se vuelven más profundas. Ella creía que Moisés podía ser resucitado del río así como Abraham creía que Isaac podía ser resucitado del altar. Ella fue el modelo por el cual se exhortó a Israel a creer en su resurrección del Mar de Juncos, un viaje que mataría a aquellos que los persiguieran con carros y caballos. Moisés se paró frente a ellos debido a la fe de Miriam en la resurrección, por lo que ellos también podían creer en una resurrección de agua.

"Algunos confían en carruajes, otros en caballos, pero nos acordaremos del nombre de Jehová nuestro Dios,"[362] es un salmo de creencia contrastante en el poder de la propia fuerza, que es perecedera y carece de fe en Aquel que lo creó todo. Se contrasta con la fe en el Nombre de Dios, que es imperecedero, y es la fuerza de la resurrección. El Salmo 20:8 continúa estableciendo esta esperanza: "Aquellos [que esperan en carros y caballos] fueron derribados y cayeron; pero nosotros hemos resucitado y estamos en pie."

Cuando el pueblo clama por agua tres días después de cruzar el Mar de Juncos, Moisés resuelve la crisis tomando un palo de madera y arrojándolo en agua amarga para endulzarlo. Esta insinuación de agua de tres días es otra de la resurrección. Para los malvados, el agua es imbebible, insuperable. Al que tiene fe, el agua le da vida para el camino.

La lección de fe de Miriam salva la vida de Moisés una vez más en la próxima crisis del agua, porque la gente quería apedrearlo. Este es el momento en que se le dice a Moisés que golpee la roca, y está

---

362. Salmo 20:7 e Isaías 31:1

es la roca que se convierte en el "Pozo de Miriam."

> Tomemos el nombre de Miriam; Mem, Reish, Yud, Mem. Elimina todas las vocales, para que solo tengas Mem, Reish, Yud, Mem... si vocalizas Mem, Reish, Yud, Mem, de una manera puede significar Marim - amargo. Si lo vocalizas de otra manera, puede significar; Meirim - levantar. Si lo vocalizas de otra manera, puede significar; Morim - rebeldes. Ahora piensa en estas palabras, ¿dónde aparecieron? Crisis del agua número 1, ¿cómo es que no podían beber el agua? Ki marim heim - las aguas eran amargas. Ahí está Marim - Mem, Reish, Yud, Mem. Crisis de agua número 3, justo antes de que Moisés golpee la roca, levanta su mano; Vayarem - que viene de Meirim - elevar. Finalmente, cuando le habla a la gente al unísono de golpear la roca; Shimu no hamorim, dice, escuchad rebeldes, Mem, Reish, Yud, Mem una vez más.
>
> Todas y cada una de las permutaciones posibles del nombre de Miriam aparecen en las crisis del agua, en la primera canta Miriam, la última muere, en la mitad su roca se convierte en este pozo, Miriam está en todas partes en estas historias de crisis del agua...[363]

Juan tiene una visión de una Nueva Jerusalén "descendiendo." Uno puede suponer que a la tierra natural, pero ¿qué pasa si se refiere desde el Jardín Superior hasta el Jardín Inferior como el Río del Edén Superior que regó todo el Jardín Inferior?

363. Fohrman

> Después me mostró un río limpio
> de agua de vida, resplandeciente
> como cristal, que salía del trono de
> Dios y del Cordero.[364]

El Perat, o río fructífero, connota la Fiesta de Sucot (Tabernáculos), que incluía ofrendas de todo tipo de frutas y productos. Era Sucot en el que los judíos practicaban la ceremonia del derramamiento de agua acompañada del vertido de vino.

Según la tradición judía, los cuatro ríos del Edén son la miel, el vino, el bálsamo y la leche.[365] Yeshúa estuvo de pie en la ceremonia de derramamiento de agua de la Fiesta de Sucot y se proclamó a sí mismo como ese río de vida eterna. Él conecta las almas en reposo del Jardín Inferior con el Jardín Superior. Cuando la Nueva Jerusalén desciende en Apocalipsis 22, Juan describe doce tipos de frutas que crecen a lo largo del río, y las hojas sanan a las naciones. Esto es consistente con la tradición rabínica.

Sorprendentemente, el árbol crece a ambos lados del río, y aunque es un solo árbol, da doce tipos de frutos:

> Después me mostró un río limpio
> de agua de vida, resplandeciente
> como cristal, que salía del trono
> de Dios y del Cordero. En medio
> de la calle de la ciudad, y a uno y
> otro lado del río, estaba el árbol de
> la vida, que produce doce frutos,
> dando cada mes su fruto; y las hojas
> del árbol eran para la sanidad de las
> naciones.[366]

364. Apocalipsis 22:1

365. Canción de Salomón 5:1

366. Apocalipsis 22:1-2

El Árbol de la Vida es una metáfora de la Torá, la Palabra de Dios. Al igual que en el Jardín del Edén, el Árbol está asociado con un río. El agua es una metáfora de la Torá al igual que el Árbol de la Vida, y en Apocalipsis 22:1-2, se asocia con sus cualidades curativas.[367]

> El agua, en general, tenía otros significados metafóricos que muchos judíos habrían apreciado. Selkin ha analizado las tradiciones rabínicas que identifican el agua con la Torá y ha demostrado cómo las palabras de la Torá eran consideradas como un "estanque purificador" para Israel.[368]

Como resultado, en los primeros siglos, algunas sectas judías se sumergían en agua antes del estudio de la Torá o de la oración, ya que se pensaba que renovaba sus mentes para el estudio y se preparaba para la Presencia del Espíritu Santo invitada por la oración y el estudio.

Como Juan mencionó en el capítulo 22, no hay necesidad de la luz física del sol y la luna en la Ciudad Santa del Mundo Venidero porque la fuente de luz es El Santo. La ciudad superior descendente es aquella en la que ya no hay muerte y las "primeras cosas" han pasado. Esto sugiere que el descenso completo de los justos en la Nueva Jerusalén ocurre después del juicio de los "libros," que ocurre en la segunda resurrección.

> Y yo Juan vi la santa ciudad, la nueva Jerusalén, descender del cielo, de Dios, dispuesta como una esposa ataviada para su marido. Y oí una gran voz del cielo que decía: He aquí el tabernáculo de Dios con los hombres, y él morará con ellos; y ellos serán su pueblo, y Dios mismo estará con ellos como su Dios. Enjugará Dios toda lágrima de los ojos de ellos; y ya no habrá muerte, ni habrá más llanto, ni

---

367. "Él envió su palabra, los sanó y los libró de sus destrucciones". (Salmo 107:20); "Señor, no soy digno de que Tú entres bajo mi techo, pero solo di la palabra, y mi siervo será sanado. (Mateo 8:8) "Al anochecer, le trajeron a muchos endemoniados, y él expulsó los espíritus con una palabra, y sanó a todos los enfermos." (Mateo 8:16)

368. Miller 2007, Pg. 224

clamor, ni dolor; porque las primeras cosas pasaron. (Apocalipsis 21:2-4) ...Vino entonces a mí uno de los siete ángeles que tenían las siete copas llenas de las siete plagas postreras, y habló conmigo, diciendo: Ven acá, yo te mostraré la desposada, la esposa del Cordero. (21:9)

La inauguración de la Nueva Jerusalén como residencia permanente de los justos después de la segunda resurrección va acompañada de la disposición de las almas malvadas en el "lago que arde con fuego," lo que se conoce como la segunda muerte:

> El que venciere heredará todas las cosas, y yo seré su Dios, y él será mi hijo. Pero los cobardes e incrédulos, los abominables y homicidas, los fornicarios y hechiceros, los idólatras y todos los mentirosos tendrán su parte en el lago que arde con fuego y azufre, que es la muerte segunda.[369]

¿Puede un alma morir dos veces?

Aparentemente, sí. Los malvados impenitentes nunca sobrevivirían al viaje a través del Río de la Luz, porque es sagrado y para el sustento de los santos.[370] El "lago de fuego" es una descripción adecuada de la morada de los impíos que probablemente serán agrupados de manera similar a la forma en que el Cuerpo del Mesías está agrupado en el "manojo de los vivientes."[371]

¿Puede un alma resucitar dos veces?

Quizás. Si se trata de una transformación espiritual aún mayor entrar por las puertas del Jardín

369. Apocalipsis 21:7-8
370. Singh 1926, un texto extendido se encuentra en el Apéndice B
371. 1 Samuel 25:29

Superior cuando los libros se abren en la segunda resurrección, tal vez sea así. Una pista está en el siguiente versículo (9):

> Ven aquí, te mostraré a la novia, la esposa del Cordero.

La "novia adornada para su esposo," la esposa del Cordero puede ser capaz de pasar de un Jardín Inferior, según el Apóstol Pablo, lo cual ya es inexplicable para el entendimiento humano, a un hogar de Ciudad Jardín para la virtuosa Esposa del Esposo Oculto. El trono de esta ciudad emite un fructífero río de Sucot, sin embargo, Sucot es la última fiesta del año bíblico, y la Pascua es la primera. Para el estudiante comprensivo, el quiasmo es evidente. ¡Lo que estaba escondido en Pesaj da vida abiertamente en Sucot!

Tanto los ángeles en la tumba vacía como el jardinero le preguntan a María: "Mujer [Ishah], ¿por qué lloras?" El maror y el agua salada de cada cena de Pascua representan la amargura de la esclavitud y las amargas lágrimas derramadas en Egipto, pero ¿pueden representar también las amargas lágrimas derramadas por Sara por la resurrección a la entrada del Huerto y las lágrimas que serán enjugadas para siempre en la segunda resurrección?

No se puede exagerar la importancia de que Yeshua llame a Miriam Ishah, o Mujer, Esposa. Ella fue el primer ser humano en testificar de la resurrección, que es el comportamiento apropiado de aquellos que tienen "el testimonio de Yeshúa y los mandamientos de Dios." Ella fue el primer ser humano vivo y justo en ver la resurrección del Esposo Oculto. Volvería a estar escondido cuando ascendiera al Padre, pero por un momento, Miriam se quedó en el Jardín con el Árbol de la Vida.

Cada año, un pedazo de matzá[372] se envuelve en una servilleta de lino y se esconde durante la

372. Pan sin Levadura

Pascua; A esto se le llama tzafun. Tzafun significa encerrado, oculto, enterrado y fuera de alcance, como Baal-tzaphon. Un rescate de la tribulación se encuentra en la salvación oculta (yeshuat) de Yeshúa, quien fue envuelto en lino y escondido en una tumba en la Pascua. Esa porción simbólica quemada fue resucitada del fuego purificador de la ofrenda vegetal, y comer ese pan sin levadura de la verdad purifica a una nación de sacerdotes ocultos y enterrados que se preparan para la resurrección hoy.

Los místicos judíos también ven el tzafun como la representación de la fuerza vital oculta del alma. "Si el alma es luz, entonces esa esencia es la fuente de luz."[373] A medida que el alma espera la primera resurrección en el Jardín Inferior, esa fuerza vital oculta se purifica aún más, puliendo siempre la luz desde adentro. En la resurrección, el Esposo, que ya no está oculto, unirá a todos los sacerdotes ocultos justos y resplandecientes en una nube de resurrección resplandeciente. ¿Cuánto más brillarían en una segunda resurrección?

373. "Tzafun-Eat el Afikomen."

22

CANTAR DE LOS CANTARES DE LA PASCUA

Cada año, los judíos leen el Cantar de los Cantares en la época de la Pascua. Al igual que la Pascua, es la historia de Israel y su resurrección. Conociendo algunos de los símbolos bíblicos discutidos en este libro, así como algunas de las ideas judías sobre la vida, la muerte y la resurrección, los versículos ahora pueden cobrar vida con un mayor significado. Tomemos algunos versículos para practicar "ensartar perlas," o conectar la misma idea en diferentes partes de las Escrituras.

> ¡Cuán hermosos son tus amores, hermana, esposa mía! ¡Cuánto mejores que el vino tus amores, y el olor de tus ungüentos que todas las especias aromáticas![374]

En Proverbios, la hermana es una metáfora del Espíritu de Sabiduría, el primero de los Siete Espíritus de Adonai enumerados en Isaías. Este doble sentido es utilizado por Abraham e Isaac cuando le dicen a Sara y Rebeca: "Di que eres mi hermana" para salvar sus vidas de un faraón malvado y un rey malvado, Abimelec. Es más que simplemente salvar su pellejo, proféticamente, hablan del Espíritu Santo como un

374. Cantar de los cantares 4:10

Ayudador. En este sentido, la novia también es una hermana. Por ejemplo, en Apocalipsis: "El Espíritu y la Novia dicen: 'Ven'. Entonces, ¿cuál es? Sí. Si el Espíritu está en la Novia, entonces ella dice: "Ven."

> Huerto cerrado eres, hermana mía, esposa mía; fuente cerrada, fuente sellada.[375]

> Yo vine a mi huerto, oh hermana, esposa mía; he recogido mi mirra y mis aromas; he comido mi panal y mi miel, mi vino y mi leche he bebido. Comed, amigos; bebed en abundancia, oh amados.[376]

La canción hace referencia a la hermana/novia como un jardín, un manantial sellado. Denota modestia y protección de lo que hay en el jardín. Dentro del jardín se encuentran el bálsamo, la miel, el vino y la leche que se dice que fluyen en los Ríos del Edén.

> Yo dormía, pero mi corazón velaba. Es la voz de mi amado que llama: Ábreme, hermana mía, amiga mía, paloma mía, perfecta mía, porque mi cabeza está llena de rocío, mis cabellos de las gotas de la noche.[377]

Aunque la escritora está "dormida," una metáfora de la muerte, su corazón está despierto, por lo que escucha el sonido de Yeshua llamando. A la amada también se le llama "paloma, mi perfecta." Se dice que la altura de Gan Eden no es más alta que la altura a la que puede volar una paloma, y su palacio es el Nido de Pájaro. Una paloma denota un lugar de descanso, como en la paloma de Noé de una tierra resucitada. La cabeza empapada con el rocío de la mañana es una metáfora de la resurrección, que se asocia con el rocío del Cielo. Era temprano en la mañana cuando Miriam se

375. Cantar de los cantares 4:12
376. Cantar de los cantares 5:1
377. Cantar de los cantares 5:2

encontró con el Yeshúa resucitado:

> El primer día de la semana, María Magdalena fue de mañana, siendo aún oscuro, al sepulcro; y vio quitada la piedra del sepulcro.[378]

> Tus muertos vivirán; sus cadáveres resucitarán. ¡Despertad y cantad, moradores del polvo! porque tu rocío es cual rocío de hortalizas, y la tierra dará sus muertos.[379]

La paloma puede representar la aprobación y la alabanza.

> Mas una es la paloma mía, la perfecta mía; Es la única de su madre, la escogida de la que la dio a luz. La vieron las doncellas, y la llamaron bienaventurada; las reinas y las concubinas, y la alabaron.[380]

Un precedente de esto es el evento que siguió a la inmersión de Yeshúa en el agua. El Padre da inmediatamente su aprobación a Su hijo amado, en quien se complace. Los cielos se abrieron y el Espíritu descendió "como una paloma":

> Y luego, cuando subía del agua, vio abrirse los cielos, y al Espíritu como paloma que descendía sobre él.[381]

Ahora bien, la tradición judía del Jardín del Edén que no es más alto que lo que una paloma puede volar, tiene sentido. Verdaderamente, el Reino de los Cielos está cerca.

378. Juan 20:1

379. Isaías 26:19

380. Cantar de los cantares 6:9

381. Marcos 1:10

23

CONCLUSIÓN

Yeshúa predicó, enseñó y evangelizó de manera repetitiva y apasionada sobre el Reino de los Cielos. No enseñaba sermones imaginativos de alguna utopía lejana. Yeshúa enseñó acerca de un Reino que está "cerca." De hecho, puedes tocarlo en el lapso de tu vida, incluso si solo puedes entrar en él después de la muerte para disfrutar plenamente de sus niveles superiores después de la resurrección. Lo que puede distinguir a un discípulo de Yeshúa es cómo se involucra en esta vida. Una vida marcada por el "temor del Cielo," o una conciencia de la cercanía del Reino, insta al individuo a afinar el mero oído natural con el oído espiritual.

El oído espiritual está disponible cuando el Ruaj HaKodesh (Espíritu Santo) escribe la Palabra en los corazones de los creyentes. Esa Palabra cambiará las prioridades de aquellos que buscan ese Reino invisible que está tan cerca. Las actividades, el estudio y las creencias que uno practica en esta vida siguen al Reino. Cuanto más se apega uno a las cosas del Reino, menos hay oportunidad de apego a las cosas que se evaporan con la muerte o con el regreso del Mesías en la resurrección. Cuanto más apegado está uno a las cosas del Reino, menor es el dolor de dejar el único hogar que el alma ha conocido, el cuerpo.

Aunque este texto no debe interiorizarse como doctrina, sino como alimento para el estudio, la comparación y el pensamiento concerniente a la muerte y la resurrección, un principio parece ser solo de sentido común: un poco de tribulación ahora para disciplinar los pensamientos y deseos de uno hacia el Reino, la menor tribulación del alma cuando se da cuenta de que su hogar ya no es el cuerpo físico. Un alma excesivamente apegada a los tesoros de los juegos de pelota, los videojuegos, las redes sociales, las largas vacaciones, la caza, la pesca, las películas, el trabajo secular o las acciones religiosas realizadas para ser notadas por los demás, tendrá dificultades para apegarse al Jardín Inferior. Puede ser una separación dolorosa, en lugar de natural, que explique por qué se piensa que las almas revolotean alrededor de sus cadáveres durante unos pocos días, ya que la separación de la muerte es una experiencia de agitación emocional para los malvados o intermedios.[382]

382. Algunas fuentes dicen que una clase de espíritus inmundos están muertos que huyen de la secuencia de experiencias después de la muerte, y revolotean hasta que los ángeles encargados de ese trabajo los obligan a entrar en el Seol. Supuestamente, intentarán adherirse a las personas o a los animales con el fin de permanecer en la tierra.

Al morir, uno seguirá siendo lo que era en la mortalidad, pero en el Jardín, las prioridades que no son del Reino se desvanecen gradualmente de la conciencia. Por ejemplo, cuando este autor se retiró de una carrera en la aplicación de la ley, la sensación de ser un oficial de la ley persistió. Después de que pasaron unos años, esa atención plena en el pensamiento y la identidad se desvaneció. Ese ser sigue ahí, pero las cosas que eran tan importantes en el trabajo diario ya casi no se traen a la mente a menos que algo lo provoque. Así será con esta vida mortal y las actividades que se evaporan después de la muerte. La ilusión es que estas cosas estaban realmente vivas; La verdad es que no añaden nada a la identidad y existencia eternas de uno.

Lo que hoy se siente bien para el alma puede ser una fuente de angustia y arrepentimiento en ese momento desconocido de la muerte. Al conformarnos con lugares más bajos de autogratificación, sin darnos cuenta, bajamos el listón de nuestra existencia en un lugar tan maravilloso que ni siquiera Pablo podría describirlo. Si limitamos nuestra vida espiritual en el Jardín Inferior, ¿cuánto más limitaría eso nuestro acceso a lugares más santos en el Jardín Superior?

Los cielos superiores es un tema que es mejor dejar para otro momento. Si al apóstol Pablo no se le permitió hablar de las cosas que oyó en el Jardín Inferior, entonces, ¿quiénes somos nosotros para suponer que podemos especular competentemente sobre lo que está más arriba? Lo que sí podemos hacer, sin embargo, es examinar cuidadosamente cada declaración y parábola que Yeshúa enseñó acerca del Reino. No son lugares comunes, sino consejos prácticos y serios sobre las decisiones que tomamos hoy, en este momento y en cada momento. Podemos estudiar la Torá, los Profetas y los Salmos para obtener más pistas sobre lo que está por venir, pero lo que realmente importa es si cambia el hoy.

A cada momento, nos preparamos para nuestro Jardín.

¿Qué pasa con nuestros seres queridos que se han ido antes? El ladrón en la cruz nos da esperanza que incluso los bribones pueden gritar un momento antes de la muerte. Es posible que no tengan la misma experiencia en el Jardín que aquellos que han sufrido mucho por su fe, pero Yeshúa dijo que la Casa del Padre muchas moradas hay. La preparación se está llevando a cabo incluso ahora.

Para nuestros seres queridos que vivieron vidas de fe, entonces han entrado en el gozo del Padre en el Jardín. Te están esperando. Son conscientes de ti. Es probable que ellos también estén muy ocupados con los asuntos del Padre, aprendiendo y preparándose para mayores deleites por venir. Usemos un ejemplo terrenal de cuando nosotros también cruzaremos y entraremos en el Jardín si el regreso de Yeshúa se retrasa.

Cuando fallezcamos, los que nos quieren en la tierra se estarán despidiendo mientras entramos en la sala de llegadas del Jardín. Vaya a un aeropuerto y observe los saludos, las sonrisas y la alegría, cuando un pariente o un soldado perdido hace mucho tiempo desciende por la escalera mecánica, mirando a su alrededor, tal vez un poco temeroso de que no haya nadie allí. Luego ven a su familia y amigos esperando, animados, saludando, saltando, cantando y extendiendo los brazos para un primer abrazo. El perro de la familia lleva un pañuelo de "Bienvenido a casa" y ladra. Es entonces cuando el pasajero se da cuenta de que la multitud está allí para recibirlo. Él es a quien han estado esperando.

Multiplica esa escena por el número de todos tus antepasados y familiares justos. Cuando asciendas, todos ellos... junto con algunos otros representantes... Esperan expectante.

Bienvenido a casa, siervo bueno y fiel. Te hemos estado esperando.

REFERENCIAS

Ángel, M. (2000). Explorando las costumbres y tradiciones sefardíes. Brooklyn, NY: Editorial Ktav.

Appel, G. y Goldstein, D. (2016). Código conciso de la ley judía: una guía para la observancia del Shabbat. Nueva York: OU Press.

Bar Tzadok, A. (1993). Alienígenas, ángeles y demonios. Tellico Plains, TN: La Escuela Kosher de la Torá.

Berliner, ed. (1591). Targum pseudo-Jonathan. Venecia. Sabbionetta.

_____. (1557). Targum Onkelos. Sabbionetta.

Biderman, A. (2011). El Mishkán – el Tabernáculo: Su estructura y sus vasos sagrados. Nueva York: Mesorah Publications, Ltd.

Bohrer, Y. (2007). Los códigos geográficos de la Biblia. Israel: Studio Bat Ami, Bet-El.

Dalman, G y Lightfoot, J. (2002). Jesucristo en el Talmud y comentario a los Evangelios desde el Talmud y la Hebraica. (R. Parrish, Ed.). Eugene, OR: Publicaciones de recursos.

Drazin, I. (2000). Targum Onkelos. Denver: Editorial Ktav, Inc.

Eastman, M. (1897). Diccionario bíblico de Eastman. Nueva York: Thomas Nelson

Fohrman, D. Chukkat: "¿Por qué Moisés golpeó la roca?" alphabeta.org, consultado el 13-7-18.

Ganor, Y & Ganor, O. "Chukkat". Ulpan O

e-newsletter. Consultado el 22/06/18. Jerusalén: Israel. https://www.ulpanor.com/category/newletter/

Gillman, N. (2015). La muerte de la muerte: resurrección e inmortalidad en el pensamiento judío. Woodstock, VT: Publicación de Luces Judías.

Kahn, A. (2012). Ecos del Edén: Sefer Shemot. Jerusalén, Israel: Editorial Gefen.

_____. (2002). Emanaciones. Southfield, MI: Targum Press.

Kaplan, A. (1993). La inmortalidad, la resurrección y la edad del universo. Nueva York: Asociación de Científicos Judíos Ortodoxos.

Lieber, D., (Ed). Etz Jaim Torá y comentario. (2001). Nueva York: Sociedad Judía de Publicaciones.

Lichtman, M. (2006). Eretz Israel en la parashá. Jerusalén, Israel: Devorah Publishing.

Luzatto, M. (2007). El messilat yesharim completo. Jerusalén: Instituto Ofeq

Miller, S. (2007). "Piscinas escalonadas y la inexistente y monolítica 'miqveh'". Edwards, D. y McCollough, T., Eds., La arqueología de la diferencia: género, etnia, clase y el "otro" en la antigüedad. Vol. 60/61.

Nemoy, L., Lieberman, S., et al, Eds, (1968). Pesikta Rabbati: Discursos homiléticos para los días festivos y los sábados especiales 1 y 2. Braude, G., Trad., Nueva York: Yale University Press.

Rafael, S. (2009). Visiones judías de la vida después de la muerte. 2ª Ed. Nueva York: Rowman and Littlefield Publishers, Inc.

Scherman, N. y Zlotowitz, M., Eds. (1997). La Torá:

Con el comentario de Rashi traducido, anotado y dilucidado. Sapirstein Ed. Nueva York: Mesorah Publications, Ltd.

Riskin, S. "Ohr Torá en la parashá: '¿Por qué estaba Sara en Hevron?'" Noticias Nacionales de Israel. 11/6/15 Obtenido de http://www.israelnationalnews.com/Articles/Article.aspx/17845.

Salanter, Y. (2004). Ohr Israel. Zvi Miller, Trad. Southfield, MI: Targum Press, Inc.

Saldarini, A. (2001). Fariseos, escribas y saduceos en la sociedad palestina: un enfoque sociológico. (Edición electrónica). Grand Rapids, MI: Eerdmans.

Scherman, N., Ed. (1996). El sidur completo de artscroll. Nusach Sefard. Nueva York: Mesorah Publications, Ltd.

"Sección del antiguo acueducto de Jerusalén al descubierto". Por TOI STAFF. 21 de mayo de 2015. Los Tiempos de Israel. https://www.timesofisrael.com/section-of-ancient-jerusalem-aqueduct- al descubierto/

Singh, S. (1926). Las visiones de Sadhu Sundar Singh de la India. Armidale, Australia: Arca de Noé. 1996.

Sperber, A. (1959). La Biblia en arameo. Países Bajos: E. J. Brill.

Strassfeld, M. (1985). Las festividades judías: una guía y comentario. Nueva York: Harper Collins.

"Tzafun-Cómete el afikomen". Chabad.org. Consultado el 24/03/18. https://www.chabad.org/holidays/passover/pesach_cdo/aid/117123/jewish/12-Tzafun-Eat-the-Afikoman.htm.

Utley, R. (2003). Lucas el historiador: El libro de

los Hechos. (Vol. 3B). Serie de comentarios de la guía de estudio. Marshall, TX: Lecciones Bíblicas Internacionales.

Yerushalmi, M. (2007). De Bagdad a Jerusalén. E. Yerushalmi y D. Yerushalmi, Trad. Tel Aviv: Editorial Kotarot. Publicado originalmente como El viaje de Abu-Moch.

Zalman, S., (Ed). (2003). Majzor para Rosh Hashaná. Mangel, N., Trad., Nueva York: Merkos L'Inyonei Chinuch.

APÉNDICE A

Menorá con la Creación, Siete Espíritus, Siete Fiestas y Siete Asambleas de Revelación

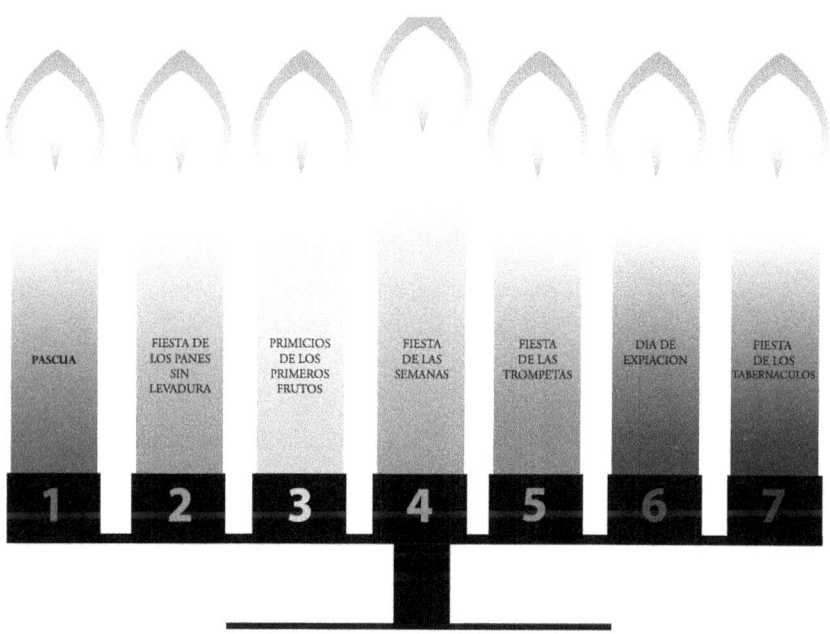

7 FIESTAS DEL MESIAS

APÉNDICE B

Recorte quiástico

SOBRE LA AUTORA

La Dra. Hollisa Alewine tiene una Licenciatura en Ciencias y Maestría de la Universidad de Texas A&M y un Doctorado de la Escuela de Post Grado de Oxford.

Ella es la autora de *Standing with Israel: A House of Prayer for All Nations* (De Pie con Israel: Casa de Oración para Todas las Naciones)

The Creation Gospel Bible study series (El Evangelio de la Creación, series de estudios Bíblicos)

Y programadora de Hebraic Roots Network (Canal de Raíces Hebreas)

La Dra. Alewine es una estudiante y maestra de la Palabra de Dios.

www.ingramcontent.com/pod-product-compliance
Lightning Source LLC
Chambersburg PA
CBHW071306110426
42743CB00042B/1195